Книга Псалмов

ספר תהילים

Дэвид
Король Соединенного Королевства
Израиля и Иудеи
1040 г. до н.э. Вифлеем
970 г. до н.э. Иерусалим

King David

Книга Псалмов – ספר תהילים

Copyright © 2020 ARI Publishers
All rights reserved

Опубликовано издательством ARI

Никакая часть этой книги не может быть использована или воспроизведена каким-либо образом без письменного разрешения издателя, за исключением случаев кратких цитат, содержащихся в критических статьях или обзорах.

Благодарим за подготовку текста к изданию:
Ирину Романову, Светлану Добродуб, Лею Дондыш
Обложка: Инна Смирнова
Первое издание: январь 2020
Первая печать

Фото на обложке –
Ромейн де Хуг (Голландский, 1645-1708)
Самуил II - глава 6, стих 5;
«И Давид, и весь дом Израилев веселились на всяком орудии кипариса, и на гуслях, и на гуслях, и на тембрах, и на систрах, и на цимбалах».
Фото: предоставлено www.holylandmaps.org

Книги Псалмов   Издание АРИ

Первая книга

Псалом 1

Счастлив человек, который не ходил по совету нечестивых, на пути грешников не стоял, и в собрании легкомысленных не сидел. Только к Торе Творца влечение его, Тору Его изучает он днем и ночью. И будет он, как дерево, посаженное при потоках вод, которое плод свой дает во время свое и чей лист не вянет; и во всем, что ни сделает он, преуспеет. Не таковы нечестивые, но как мякина они, которую развевает ветер. Поэтому не устоят нечестивые на суде и грешники – в общине праведников. Ибо знает Господь путь праведников, а путь нечестивых сгинет.

Псалом 2

Почему волнуются народы и племена замышляют тщетное? Встают цари земли и властелины совещаются вместе – против Господа и помазанника Его: "Разорвем узы их и сбросим с себя путы их!" Сидящий в небесах усмехается, Господь насмехается над ними. Заговорит Он с ними в гневе Своем, в ярости Своей напугает их. Ведь Я поставил царя Моего над Ционом, горой святой Моей! Расскажу о решении: Господь сказал мне: сын Мой ты, сегодня Я родил тебя. Проси Меня, и Я дам народы в наследие тебе, и во владение тебе – края земли. Сокрушишь их жезлом железным, как сосуд горшечника, разобьешь их. А ныне, цари, образумьтесь! Внимайте назиданию, судьи земли! Служите Господу в страхе и радуйтесь в трепете. Вооружитесь чистотой, чтобы не разгневался Он, чтобы не погибнуть вам в пути, ибо еще немного – и разгорится гнев Его. Счастливы все, полагающиеся на Него!

Псалом 3

Псалом Давида, когда бежал он от Авшалома, сына своего. Господи, как многочисленны враги мои, многочисленны поднявшиеся на меня! Многие говорят о душе моей: нет спасения ему в Боге! Сэла! А Ты, Господи, щит для меня, слава моя, и возносишь голову мою. Голосом своим к Господу взываю, и ответил Он мне с горы святой Своей. Сэла! Я лежу и засыпаю, пробуждаюсь, потому что Господь поддерживает меня. Не боюсь я десятков тысяч народа, которые находятся вокруг меня. Встань, Господи, помоги мне, Бог мой, ибо Ты бил по щеке всех врагов моих, зубы нечестивым расшиб Ты. У Господа спасение! Да будет на народе Твоем благословение Твое! Сэла!

Псалом 4

Руководителю на негинот псалом Давида. Когда взываю я, ответь мне, Бог справедливости моей. В тесноте Ты дал простор мне, помилуй меня и услышь молитву мою! Сыны человеческие! Доколе честь моя – на позор? Доколе любить будете тщету, искать лжи? Сэла! И знайте, что отличил Господь для Себя благочестивого. Господь услышит, когда я буду взывать к Нему. Содрогайтесь и не грешите, размышляйте в сердце вашем, на ложе вашем – и молчите. Сэла! Принесите жертвы справедливости и полагайтесь на Господа. Многие говорят: кто покажет нам добро? Испытай на нас свет лица Твоего, Господи! Ты дал радость сердцу моему большую, чем была у них во время, когда умножились хлеб их и вино их. С миром лягу и засну разом, ибо Ты, Господь, один даешь мне жить безопасно.

Псалом 5

Руководителю на негинот псалом Давида. Словам моим внимай. Господи, пойми помысел мой! Внемли голосу вопля моего, Царь мой и

Бог мой, ибо Тебе молюсь! Господи, утром услышь голос мой, утром приготовлю молитву Тебе и ждать буду. Ибо Ты не Бог, желающий беззакония, не водворится у Тебя зло. Не встанут высокомерные пред очами Твоими, ненавидишь Ты всех совершающих несправедливость, погубишь говорящих ложь. Убийцу и обманщика презирает Господь. А я по великой милости Твоей приду в дом Твой, поклонюсь храму святому Твоему в благоговении пред Тобой. Господи, руководи мной в праведности Твоей, от врагов моих выпрями предо мной путь Твой. Ибо нет в устах его праведности, в среде их – беззаконие, могила открытая – гортань их, языком своим льстят они. Обвини их, Боже! Пусть падут они из-за советов своих, из-за множества преступлений их отвергни их, ибо не повиновались они Тебе. И возвеселятся все полагающиеся на Тебя, вечно ликовать будут, покровительствовать будешь им, радоваться будут Тебе любящие имя Твое. Ибо Ты благословляешь праведника, Господи, как щитом, благоволением окружаешь его.

Царь Давид

Псалом 6

Руководителю на негинот и на шминит псалом Давида. Господи, не в гневе Твоем наказывай меня, не в ярости Твоей карай меня. Помилуй меня, Господи, потому что несчастен я, излечи меня, Господи, потому что содрогаются кости мои. И душа моя потрясена сильно. А Ты, Господи, доколе? Вернись, Господи, спаси душу мою, избавь меня ради милости Твоей. Ибо нет в смерти памяти о Тебе, открыто не смогу упоминать Тебя, в преисподней кто будет благодарить Тебя? Устал я в стенании моем, омываю слезами каждую ночь ложе мое, истаивает от слез моих постель моя. Истлело от огорчения око мое, вырвано оно из-за всех врагов моих. Удалитесь от меня, все творящие беззаконие, ибо услышал Господь голос плача моего. Услышал Господь мольбу мою, Господь примет молитву мою. Пристыжены и поражены будут сильно все враги мои, отступят и пристыжены будут мгновенно.

Псалом 7

Шигаон Давида, который он пел Господу о Куше из колена Беньямина. Господь Бог мой, на Тебя полагался я, избавь меня от всех преследователей моих и спаси меня. Чтобы не растерзал он, как лев, души моей. Разламывает ее – и некому спасти. Господь Бог мой! Если сделал я зло, если есть несправедливость в руках моих, если я заплатил злом доброжелателю моему, – но я ведь избавил врага моего без причины. Пусть преследует враг душу мою, и настигнет, и втопчет в землю жизнь мою, и славу мою в прах вселит. Сэла! Встань, Господи, в гневе Твоем, поднимись в ярости против врагов моих и возбуди для меня суд, который заповедал Ты. И община народов окружит Тебя, и над ней ввысь возвратись. Господь, судящий народы! Суди меня, Господи, по праведности моей и по невинности моей. Пусть пресечется зло нечестивых, а праведника утверди, ибо испытывает сердца и совесть Бог справедливый. Щит мой – от Бога, спасающего прямых сердцем. Бог – судья справедливый и гневится на нечестивых каждый день. Если не отвращается от грехов нечестивый, оттачивает меч свой, натягивает лук, направляет его, приготовляет орудия смерти, стрелы свои сжигающими делает – он зачал беззаконие, забеременел суетой, родил ложь. Копал яму, вырыл ее - и упал в яму, которую сам сделал. Возвратится беззаконие его на голову его, и на темя его насилие его опустится. Благодарить буду Господа за справедливость Его и воспевать имя Господа Всевышнего.

Псалом 8

Руководителю на гитит псалом Давида. Господи, Господин наш! Как величественно имя Твое во всей земле! Ты, который раскрыл славу Свою небесам. Из уст младенцев и грудных детей основал Ты силу – из-за неприятелей Твоих, чтобы остановить врага и мстителя. Когда вижу я небеса Твои, дело рук Твоих, луну и звезды, которые устроил Ты. Что человек, что Ты помнишь его, сын человеческий, что Ты вспоминаешь о нем? Ты умалил его перед ангелами, славой и великолепием увенчал его. Ты сделал его властелином над творениями рук Твоих, все положил к ногам его: весь мелкий и крупный скот и зверей полевых, птиц небесных и рыб морских, проходящих путями морскими. Господи, Господин наш! Как величественно имя Твое во всей земле!

Псалом 9

Руководителю на мутолабэн псалом Давида. Славить буду Господа всем сердцем своим, расскажу о всех чудесах Твоих. Веселиться буду и радоваться Тебе, воспою хвалу имени Твоему.

Всевышний, когда обратятся вспять враги мои, споткнутся и сгинут пред лицом Твоим. Ибо вершил Ты правосудие мое и суд мой. Воссел Ты на престоле, судья справедливый. Разгневался Ты на народы, погубил нечестивого, имя их стер навсегда. Враги эти – не стало их, развалины вечные! И города их разрушил Ты, исчезла память о них. А Господь вечно сидеть будет на престоле, утвердил Он для суда престол Свой. И судить будет Он вселенную в справедливости, вершить суд над народами в правоте. И будет Господь опорой униженному, опорой во времена бедствия. И полагаться будут на Тебя знающие имя Твое, ибо не оставляешь Ты ищущих Тебя, Господи. Пойте Господу, живущему в Ционе, возвестите среди народов дела Его. Ибо Господь, взыскивающий за кровь, вспомнил их, не забыл вопля смиренных. Помилуй меня, Господи, посмотри на страдания мои от врагов моих, Ты, возносящий меня от врат смерти. Чтобы возвестил я всю славу Твою, во вратах дочери Циона ликовать буду в спасении Твоем. Утонули народы в яме, которую сделали, сетью, которую прятали, поймана нога их. Известен Господь, творящий суд, деяниями рук своих схвачен нечестивый. Игайон. Сэла! Возвратятся нечестивые в преисподнюю, все народы, забывшие Бога. Ибо не вечно забыт будет бедный, надежда бедняков не пропадет вовек. Встань, Господи! Да не усилится человек, судимы будут народы пред Тобой! Наведи, Господи, страх на них, да узнают народы, что только люди они! Сэла!

Псалом 10

Почему, Господи, стоишь далеко, скрываешься во времена бедствия? Надменностью нечестивого преследуется бедный. Схвачены будут нечестивые кознями, которые замышляли. Ибо похваляется нечестивый вожделениями души своей, грабитель хвалится, хулит Господа. Нечестивый, в надменности своей, говорит: "Не взыщет Он". "Нет Бога" – вот все помыслы его. Преуспевает он на путях своих во всякое время. Суды Твои высоки и далеки от него, всех врагов своих сдувает он. Сказал он в сердце своем: не пошатнусь вовеки, потому что не будет мне зла. Проклятьем полны уста его, и обманом, и фальшью, под языком его – несправедливость и ложь. Сидит он в засаде в селах, в потайных местах убивает невинного, глаза его высматривают несчастного. Сидит в засаде, в потайном месте, как лев в чаще своей. Сидит в засаде, чтобы схватить бедняка, хватает бедняка, увлекая в сеть свою. Наклоняется, пригибается, и падают несчастные от силы его. Говорит в сердце своем: "Забыл Бог, скрыл лицо Свое – не увидит вовек". Встань, Господь, Бог, вознеси руку Свою, не забудь смиренных! Зачем хулит нечестивый Бога, говорит в сердце своем: "Не взыщешь Ты!" Видел Ты, ибо смотришь Ты на несправедливость и злобу, чтобы воздать рукой Своей; на Тебя полагается несчастный, сироте помогал Ты. Сокруши мышцу нечестивого, а злого искать будешь – не найдешь нечестия его. Господь – царь во веки веков, исчезли народы чужеземцы из страны Его. Желание смиренных слышал Ты, Господи, утверди сердце их, да внемлет им ухо Твое. Чтобы дать суд сироте и угнетенному, чтобы не был больше тираном человек земной.

Псалом 11

Руководителю псалом Давида. На Господа полагаюсь. Как это говорите вы душе моей: птицей лети к горе вашей? Ибо вот нечестивые натягивают лук, приготовили стрелу их в тетиве, чтобы стрелять в темноте в прямодушных. Если основания разрушены, что сделал праведник? Господь в чертоге святом Своем, Господь – в небесах престол Его, глаза Его видят, веки Его испытывают сынов человеческих. Господь испытывает праведника, а нечестивого и любящего насилие ненавидит душа Его. Как дождь прольет Он на нечестивых угли, огонь и серу, и палящий ветер – участь их. Ибо праведен Господь, праведность любит Он тех, чьи лица смотрят прямо.

Псалом 12

Руководителю на шминит псалом Давида. Помоги, Господи, ибо нет благочестивого, ибо нет верных среди сынов человеческих. Ложь изрекают друг другу, языком льстивым говорят, с двойным сердцем. Истребит Господь все уста льстивые, язык, говорящий надменное, тех, которые сказали: языком нашим сильны будем, уста наши с нами – кто нам господин? Из-за ограбления бедных, из-за стенания нищих ныне встану, говорит Господь, помогу тому, кого нечестивый изгонит. Слова Господни – слова чистые, серебро переплавленное в тигеле, в земле семикратно очищенное. Ты, Господь, беречь будешь их, стеречь будешь каждого из поколения этого всегда. Кругом нечестивые расхаживают, когда возвышается низость сынов человеческих.

Псалом 13

Руководителю, псалом Давида. Доколе, Господи? Неужели забудешь меня навек? Доколе скрывать будешь лицо Свое от меня? Доколе советоваться буду с собой? Днем печаль в сердце моем! Доколе возноситься будет враг мой надо мной? Взгляни, ответь мне, Господь Бог мой, освети глаза мои, чтобы не уснул я сном смерти. Чтобы не сказал враг мой: пересилил я его! Неприятели мои ликовать будут, когда пошатнусь я. А я на милость Твою полагаюсь, возрадуется сердце мое спасению Твоему. Воспою я Господу, ибо Он сделал мне благо.

Псалом 14

Руководителю псалом Давида. Сказал негодяй в сердце своем: нет Бога! Губили, гнусности совершали, нет делающего добро. Господь с небес взирает на сынов человеческих, чтобы видеть, есть ли разумный, ищущий Бога. Все отделились, загрязнились вместе, нет делающего добро, нет ни единого. Ведь знали все творящие беззаконие, съедающие народ мой, как съедают хлеб, что предстоит им? Господа не призывали они! Там охватил их страх, ибо Бог в поколении праведном. Совет бедняка срамите вы, потому что Господь – защита его. Да придет из Циона спасение Израэля! Когда возвратит Господь пленников народа Своего, ликовать будет Яаков, веселиться будет Исраэль!

Псалом 15

Псалом Давида. Господи, кто жить будет в шатре Твоем? Кто обитать будет на горе святой Твоей? Ходящий путями честными, и поступающий справедливо, и говорящий правду в сердце своем! Тот, кто не клеветал языком своим, не делал зла другу своему и не наносил оскорбления ближнему своему. Презренный отвратителен в глазах его, и боящегося Господа почитает он, если клянется даже себе во зло – не изменяет. Деньги свои не дает в рост и взятки против невинного не принимает. Делающий это не пошатнется никогда.

Псалом 16

Михтам Давида. Храни меня, Бог, ибо на Тебя полагаюсь! Сказала душа моя Господу: господин мой Ты, нет у меня иного блага – только от Тебя. К святым, которые на земле, – велико стремление мое к ним. Пусть умножатся страдания тех, что поспешают к Богу другому.

Не буду участвовать в возлияниях их кровавых и не произнесу имена их устами своими. Господь – доля моя и чаша участь моя. Ты помогаешь судьбе моей. Наделы выпали мне в приятных местах, и наследие мое прекрасно для меня. Благословлю Господа, который советовал мне, и ночами наставляли меня нутро мое. Представляю Господа пред собой всегда, ибо когда Он справа от меня – не пошатнусь! Поэтому радуется сердце мое, веселится душа моя, и плоть моя пребывает в спокойствии. Ибо не оставишь Ты душу мою для преисподней, не дашь душе благочестивого Своего увидеть могилу. Ты укажешь мне путь жизни, полнота радостей пред Тобой, блаженство в деснице Твоей вовек.

Псалом 17

Молитва Давида. Услышь, Господи, и внемли крику моему. Выслушай молитву мою – она не из лживых уст. Пусть от Тебя изойдет суд мой, ведь глаза Твои видят справедливость. Испытал Ты сердце мое, ночью испытал меня. Не найдешь мысли, которая не прошла бы сквозь уста мои. В деяниях человеческих, по слову Твоему, остерегался я путей распутника. Утвердил Ты стопы мои на путях Твоих, не пошатнулись ноги мои. Я призывал Тебя, чтобы Ты ответил мне. Боже, преклони ухо Твое ко мне, услышь слова мои. Яви дивные милости Твои, Ты, спасающий тех, кто полагается на Тебя, от восстающих против воли Твоей. Храни меня, как зеницу ока, в тени крыл Твоих скрой меня от нечестивых, которые грабят меня, врагов души моей, обступивших меня. Туком своим закрыли сердца, говорят надменно устами своими. На каждом шагу нашем окружают нас теперь, устремляют глаза свои, чтобы согнуть нас до земли. Он подобен льву, жаждущему терзать, и льву, сидящему в засаде. Встань, Господи, выйди навстречу ему, поставь его на колени, спаси душу мою от нечестивого мечом Своим, от людей – рукой Твоей, Господи, от людей, чей удел – в жизни этой и чье чрево наполняешь Ты сокровищами Своими. Сыты сыновья их и оставляют излишек младенцам своим. Я в справедливости созерцать буду лицо Твое, насыщаться буду наяву образом Твоим.

Псалом 18

Руководителю псалом раба Господня Давида, который произнес пред Господом слова песни этой в день, когда спас его Господь от руки всех врагов его и от руки Шаула. И сказал он: люблю

Тебя, Господь, сила моя! Господь – скала моя и крепость моя, избавитель мой. Бог мой – твердыня моя, на него полагаюсь, щит мой и рог спасения моего, опора моя. Восхваляемым называю Господа и от врагов моих спасаюсь. Объяли меня узы смерти, и потоки бедствий устрашили меня. Муки смертные охватили меня, предо мной легли тенета смерти. В беде моей призывал я Господа и к Богу моему взывал я. И услышал Он из чертога Своего голос мой, и вопль мой пред Ним дошел до слуха Его. Сотряслась и всколебалась земля, основания гор вздрогнули и сотряслись, ибо разгневался Он. Поднялся дым из ноздрей Его и огонь пожирающий из уст Его, угли разгорались от Него. Наклонил Он небеса, сошел - и мгла под ногами Его. Воссел на керува, и полетел, и понесся на крыльях ветра. Сделал мрак укрытием Себе, шатром вокруг Себя, темноту вод – от туч небесных. От сияния пред Ним прошли тучи Его с градом и углями огненными. И возгремел Господь в небесах, подал голос Свой, град и угли огненные. Пустил стрелы Свои, рассеял их, бросил молнии, привел их в смятение. И открылись русла вод, обнажились основания вселенной от грозного голоса Твоего, Господи, от дыхания ветра из ноздрей Твоих. Послал с высоты, взял меня, извлек меня из множества вод. Избавил меня от сильного врага моего и от ненавистников моих, которые сильнее меня. Они поспешили восстать на меня в день бедствия моего, но Господь был опорой для меня. И вывел меня на простор, спас меня, ибо Он любит меня. Воздал мне Господь по праведности моей, по чистоте рук моих вознаградил меня. Ибо держался я путей Господа и не отступал от Бога моего. Ибо все законы Его предо мной, и уставы Его не отстранял я от себя. Я был непорочен пред Ним и остерегался, чтобы не согрешить мне. И воздал мне Господь по праведности моей, по чистоте рук моих пред глазами Его. С милостивым поступаешь Ты милостиво, с мужем беспорочным – по беспорочности его. С чистым поступаешь Ты по чистоте его, со строптивым – по строптивости его. Ибо людей смиренных спасаешь Ты, и глаза надменные унижаешь. Ибо Ты возжигаешь светильник мой, Господь Бог мой озаряет тьму мою. Ибо с Тобой сокрушаю я отряд и с Богом моим перепрыгиваю через крепостную стену. Бог – непорочен путь Его, слово Господа верно, щит Он для всех полагающихся на Него. Ибо кто Бог, кроме Господа, и кто твердыня, кроме Бога нашего? Бог препоясывает меня силой и дает мне путь прямой. Делает ноги мои подобными ланям и на высоты мои ставит меня. Обучает руки мои битве, и разбит лук медный руками моими. И одарил Ты меня щитом спасения Твоего, и десница Твоя поддерживает меня, и милость Твоя возвеличивает меня. Расширяешь Ты шаг мой подо мной, и не споткнулись ноги мои. Преследую я врагов моих, и настигаю их, и не возвращусь, пока не уничтожу их. Поражаю их, и не смогут они встать – пали они под ноги мои. Ты препоясал меня силой для войны, подчинил мне восставших на меня. И врагов моих обратил Ты ко мне тылом, а ненавистников моих – их уничтожил я. Вопят они – но нет спасающего, воззвали к Господу – но Он не ответил им. И разотру их, как прах, по ветру, как грязь уличную, рассею их. Ты избавил меня от мятежников из народа моего, поставил меня во главе племен; народ, которого не знал я, служит мне. Лишь заслышав обо мне, покоряются мне, чужеземцы заискивают предо мной. Чужеземцы засохнут и охромеют от оков в местах заточения их. Жив Господь, и благословен оплот мой, и да будет превознесен Бог спасения моего, Бог, мстящий за меня и покоряющий предо мной народы, избавляющий меня от врагов моих! И над встающими против меня Ты возносишь меня, от злодея спасаешь меня. За то славить буду Тебя, Господи, среди народов и имя Твое воспевать буду. Великое спасение творит Он для царя Своего, и оказывает Он милость помазаннику Своему Давиду и потомству его вовеки.

Псалом 19

Руководителю псалом Давида. Небеса рассказывают о славе Бога, и о деянии рук Его повествует свод небесный. День дню передает слово, ночь ночи открывает знание. Нет слова, и нет слов – не слышен голос их. По всей земле проходит линия их, до предела вселенной – слова их, солнцу поставил Он шатер в них. И оно, как жених, выходит из-под свадебного балдахина, радуется, как храбрец, пробегая путь. От края небес восход его, и обращение его до края их, и ничто не сокрыто от тепла его. Тора Господня совершенна, оживляет душу, свидетельство Господне верно, умудряет простака. Повеления Господа справедливы, веселят сердце, заповедь Господа чиста, освещает очи. Страх пред Господом чист, пребывает вовек, законы Господа истинны, все справедливы. Вожделенней золота они и множества чистого золота, и слаще меда и сотового меда. И раб Твой осторожен в исполнении их, в соблюдении их – великая награда. Ошибки свои кто понимает? От неумышленных грехов очисти меня. И от умышленных грехов удержи раба Твоего, пусть не властвуют они надо мной – тогда непорочен буду и чист от преступлений многих. Пусть угодны будут Тебе слова уст моих, и помышление сердца моего пред Тобой, Господи, Твердыня моя и Избавитель мой.

Псалом 20

Руководителю псалом о Давиде. Ответит тебе Господь в день бедствия, укрепит тебя имя Бога Яакова. Он пошлет тебе помощь из святилища и с Циона поддержит тебя. Он вспомнит все приношения твои и всесожжение твое превратит в пепел в знак благоволения. Сэла! Он даст тебе по желанию сердца твоего, и каждый совет замысел твой исполнит. Ликовать будем при спасении твоем и во имя Бога нашего поднимем знамя. Исполнит Господь все пожелания твои. Ныне знаю, что спасает Господь помазанника Своего – ответит ему с небес святых Своих – мощью спасающей десницы Своей. Эти полагаются на колесницы, а те – на коней, а мы имя Господа Бога нашего славим. Те склонились и пали, а мы поднялись и осилили их. Господи, помоги! Царь ответит нам в день, когда воззовем мы.

Псалом 21

Руководителю псалом о Давиде. Господь! Из-за силы Твоей радуется царь и при спасении, пришедшем от Тебя, сильно ликует! Желание сердца его Ты дал ему и в просьбе уст его не отказал Ты. Сэла! Ибо Ты встретил его благословениями, изобилующими добром, Ты возложил на голову его корону из чистого золота. Жизни просил он у Тебя – Ты дал ему долголетие навеки. Велика слава его в спасении, пришедшем от Тебя, красоту и великолепие Ты возложил на него. Ибо Ты дал ему благословения навек, возвеселил его радостью, исходящей от Тебя. Ибо на Господа полагается царь и по милости Всевышнего не пошатнется. Найдет рука твоя всех врагов твоих, десница твоя найдет ненавидящих тебя. Ты сделаешь их подобными печи огненной во время гнева своего. Господь в ярости Своей истребит их, и огонь пожрет их. Плод их искоренишь из земли, и семя их – из среды сынов человеческих, ибо намеревались они навести зло на тебя, замыслили козни. Не удастся им! Ибо ты обратишь их плечом в бегство, тетивы твои ты нацелишь в лица их. Вознесись, Господи, в силе Твоей, воспевать будем и восхвалять мощь Твою.

Псалом 22

Руководителю на аелет ашахар псалом Давида. Бог мой! Бог мой! Зачем Ты оставил меня, далек Ты от спасения моего, от вопля моего. Бог мой! Взываю я днем, но Ты не отвечаешь, и ночью без умолку я. А Ты, Святой, обитаешь среди славословий Исраэля! На Тебя уповали отцы наши, уповали – и Ты спасал их. К Тебе взывали они – и спасены были, на Тебя уповали – и не были пристыжены. Но я – червь, а не человек, в поношении у людей и в презрении у народа. Все видящие меня насмехаются надо мной, разевают рот, качают головой. Кто полагается на Господа, того избавит Он, спасет его, ибо благоволит к нему. Ты исторг меня из чрева, успокоил меня у груди матери моей. На попечение Твое брошен я от утробы, от чрева матери моей – Бог мой Ты. Не удаляйся от меня, ибо бедствие близко, ибо нет помощника. Обступило меня множество быков, сильные быки Башана окружили меня. Разверзли на меня пасть свою, как лев терзающий и рыкающий. Как вода, пролился я, и рассыпались все кости мои, стало сердце мое, как воск, растаяло среди внутренностей моих. Высохла, как черепок, сила моя, и язык мой прилип к гортани моей, прахом смертным Ты делаешь меня. Ибо окружили меня псы, толпа злых обступила меня; как лев, терзают руки и ноги мои. Пересчитать мог бы я все кости мои. Они смотрят и разглядывают меня. Делят одежды мои между собой и об одежде моей бросают жребий. Но Ты, Господи, не удаляйся! Сила моя, на помощь мне спеши! Спаси от меча душу мою, от пса – единственную мою. Спаси меня от пасти льва и от рогов единорогов. Ты ответил мне! Возвещу имя Твое братьям своим, в собрании восхвалять буду Тебя. Боящиеся Господа, восхвалите Его! Все семя Яакова, чтите Его и благоговейте пред Ним, все семя Исраэля! Ибо не презрел Он и не отверг мольбу бедняка, и не скрыл лица Своего от него, и когда он воззвал к Нему – услышал. От Тебя – слава моя в собрании большом; выполню обеты свои перед боящимися Его. Есть будут смиренные и насытятся, хвалить будут Господа ищущие Его, пусть живо будет сердце ваше вовек. Вспомнят и возвратятся к Господу все концы земли, и склонятся пред Тобой все племена народов. Ибо Господу – царство, и властелин Он среди народов. Вкушали и поклонялись все тучные земли; пред Ним повергнутся все сходящие в прах; и души его не оживит. Потомство их служить будет Ему, рассказано будет о Господе из рода в род. Придут и расскажут о справедливости Его, о том, что сотворил Он, народу, который родится.

Псалом 23

Псалом Давида. Господь – пастырь мой. Не будет у меня нужды ни в чем. На пастбищах травянистых Он укладывает меня, на воды тихие приводит меня. Душу мою оживляет, ведет меня путями справедливости ради имени Своего. Даже если иду долиной тьмы – не устрашусь зла, ибо Ты со мной. Посох Твой и опора Твоя успокоят меня. Ты готовишь стол предо мной в виду врагов моих, умащаешь голову мою елеем, чаша моя насыщает полна. Пусть только благо и милость сопровождают меня все дни жизни моей, чтобы пребывать мне в доме Господнем долгие годы.

Псалом 24

Псалом Давида. Господу земля и все наполняющее ее, вселенная и живущие в ней. Ибо Он на морях основал ее и на реках утвердил ее. Кто достоин взойти на гору Господню и кто – стать в месте святом Его? Тот, у кого чисты руки и непорочно сердце, кто не склонял к суете души своей и не клялся ложно. Тот получит благословение от Господа и справедливость от Бога спасения своего. Это поколение вопрошающих Его, ищущих лица Твоего. Это Яаков. Сэла! Поднимите, врата, главы ваши и возвысьтесь, двери вечные - и войдет Царь славы. Кто этот Царь славы? - Господь сильный и могущественный, Господь, могущественный в войне. Поднимите, врата, главы ваши и возвысьтесь, двери вечные. И войдет Царь славы. Кто Он, этот Царь славы? - Господь Цоваот Он, Царь славы. Сэла!

Псалом 25

Псалом Давида. К Тебе, Господи, душу свою возношу. Бог мой, на Тебя полагаюсь. Да не буду пристыжен, да не восторжествуют враги мои! И все, надеющиеся на Тебя, да не будут пристыжены. Пусть пристыжены будут, изменяющие из-за пустоты своей. Пути Твои, Господи, объяви мне, стезям Твоим научи меня. Веди меня в правде Твоей и научи меня, ибо Ты Бог спасения моего, на Тебя надеюсь я весь день. Помни милосердие Твое, Господи, и милости Твои, ибо вечны они. Грехов юности моей и проступков моих не вспоминай. По милости Твоей вспомни меня Ты – по доброте Твоей, Господи. Добр и справедлив Господь, поэтому указывает Он грешникам путь. Наставляет смиренных в правосудии и обучает смиренных пути Его. Все пути Господни – милость и истина для хранящих завет Его и свидетельства Тору Его. Ради имени Твоего, Господи, прости грех мой, ибо велик он. Тому, кто боится Господа, укажет Он, какой путь избрать. Душа его во благе пребывать будет, и потомство его унаследует страну. Тайна Господня – для боящихся Его, и завет Свой Он объявляет им. Глаза мои всегда – к Господу, ибо извлекает Он из сети ноги мои. Обратись ко мне и помилуй меня, ибо одинок и смирен я. Умножились беды сердца моего, из бедствия моего выведи меня! Посмотри на страдание мое и тяготы мои и прости все грехи мои. Посмотри на врагов моих – как многочисленны они и какой неоправданной ненавистью ненавидят они меня. Сохрани душу мою и спаси меня, да не буду пристыжен, ибо на Тебя полагаюсь. Непорочность и справедливость охранят меня, ибо на Тебя надеюсь. Избавь, Боже, Исраэль от всех бедствий его!

Царь Давид

Псалом 26

Псалом Давида. Рассуди меня, Господи, ибо я в непорочности моей ходил и на Господа полагался. Не споткнусь! Испробуй меня, Господи, и испытай меня, очисти почки мои и сердце мое. Ибо милость Твоя, пред глазами моими и ходил я в правде Твоей. Не сидел я с людьми лживыми и со скрывающими дела свои не ходил. Ненавидел общество злых и с нечестивыми не сидел. Омою в чистоте руки свои и обойду жертвенник Твой, Господи, Чтобы дать услышать голос благодарения и рассказать все чудеса Твои. Господи, люблю я обитель дома Твоего и место пребывания славы Твоей. Не погуби с грешниками души моей и жизни моей – с убийцами, в чьих руках гнусность, и десница их полна взяток. А я в непорочности своей ходить буду, избавь меня и помилуй меня. Нога моя стоит на месте ровном, в собраниях благословлять буду Господа.

Псалом 27

Псалом Давида. Господь – свет мой и спасение мое. Кого бояться мне? Господь – опора жизни моей. Кого страшиться мне? Когда приблизились ко мне злодеи, чтобы пожрать плоть мою, противники мои и враги мои, – они споткнулись и упали. Если обложит меня неприятельский стан, не устрашится сердце мое. Если встанет на меня война – и тут уповаю я на Господа. Одного прошу я у Господа, того лишь ищу, чтобы пребывать мне в доме Господнем все дни жизни моей, созерцать милость Господню и посещать храм Его. Ибо Он укроет меня в куще Своей в день бедствия, спрячет меня под покровом шатра Своего, на скалу вознесет меня. А ныне поднимется голова моя над врагами моими, окружившими меня, и принесу в шатре Его жертвы при восклицаниях радостных, буду петь и хвалить Господа. Услышь, Господи, голос мой, когда призываю Тебя, и помилуй меня, и ответь мне. От имени Твоего говорит сердце мое: "Ищите лица Моего!" Лица Твоего, Господи, искать буду. Не скрывай лицо Твое от меня, не отвергай в гневе раба Твоего! Помощью моей был Ты, не покидай меня и не оставляй меня, Бог спасения моего! Ибо отец мой и мать моя оставили меня, но Господь примет меня. Научи меня, Господи, пути Твоему и веди меня дорогой прямой от врагов моих. Не отдавай меня на волю врагов моих, ибо встали против меня свидетели лживые и дышат насилием. Если бы не верил я, что увижу благо Господне в стране живых. Надейся на Господа, мужайся, и да будет сильным сердце твое, и надейся на Господа!

Псалом 28

Псалом Давида. К Тебе, Господи, взываю! Скала моя, не будь глух к мольбе моей! Если безмолвен будешь для меня, уподоблюсь нисходящим в могилу. Услышь голос мольбы моей, когда воплю к Тебе, когда поднимаю руки мои к Двиру святому Твоему. Не увлекай меня с нечестивыми и творящими несправедливость, говорящими мирно с ближними своими, когда в сердце их – злоба. Воздай им по делам их и по злым поступкам их, по делам рук их воздай им, отдай им заслуженное ими. Ибо не понимают они действий Господних и дела рук Его. Да разрушит Он их и не отстроит их! Благословен Господь, ибо услышал Он голос мольбы моей. Господь – сила моя и щит мой. на Него уповало сердце мое, и Он помог мне. И веселилось сердце мое, и песней моей возблагодарю Его. Господь – сила для них для народа, и твердыня спасения Он для помазанника Своего. Спаси народ Свой и благослови наследие Свое, паси их и возноси их вовеки.

Книга Псалмов

Псалом 29

Псалом Давида. Воздайте Господу, сильные, воздайте Господу, славу и силу Его хвалите! Воздайте Господу – славу имени Его, поклоняйтесь Господу в красоте и святости. Голос Господа – над водами, Бог славы гремит, Господь – над водами многими! Голос Господа силен, голос Господа величествен! Голос Господа сокрушает кедры, сокрушает Господь кедры Ливана. И заставляет их скакать, подобно тельцу, Ливан и Сирия – подобно диким бычкам. Голос Господа высекает пламя огня. Голос Господа сотрясает пустыню, сотрясает Господь пустыню Кадэш. Голос Господа разрешает от бремени ланей и обнажает леса, в храме Его все гласит: "Слава!" Господь над потопом восседал, и восседает Господь царем вовек. Господь даст силу народу Своему, Господь благословит народ Свой миром.

Псалом 30

Псалом, песнь Давида при освящении дома. Превозношу Тебя, Господи, ибо Ты поднял меня и не дал врагам моим торжествовать надо мной. Господь Бог мой! Возопил я к Тебе и Ты исцелил меня, Господи! Ты поднял из преисподней душу мою, оставил меня в живых, чтобы не сошел я в яму. Пойте Господу, благочестивые Его, славьте память святую Его. Ибо на мгновение гнев Его, жизнь – в благоволении Его, вечером пребывает плач, утром – радость. И сказал я в беззаботности своей, не пошатнусь вовек. Господи, в благоволении Твоем сделал Ты гору мою твердыней. Скрыл Ты лицо Свое – испуган был я. К Тебе, Господи, взывал я и Господа умолял. Что пользы в крови моей, если сойду в могилу? Прославит ли прах Тебя? Возвестит ли истину Твою? Услышь, Господи, и помилуй меня! Господи, будь помощником мне! Превратил Ты скорбь мою в танец, развязал вретище мое и препоясал меня весельем. Чтобы воспевала Тебя слава душа моя и не смолкала! Господь Бог мой, вечно буду благодарить Тебя!

Псалом 31

Руководителю псалом Давида. На Тебя, Господи, полагаюсь! Да не буду пристыжен никогда. Справедливостью Твоей спаси меня! Приклони ко мне ухо Твое, поспеши избавить меня, будь мне скалой, твердыней, домом укрепленным, чтобы спасти меня! Ибо скала моя и крепость моя Ты, ради имени Твоего направляй меня и веди меня! Выведи меня из сети этой, которую они припрятали для меня, ибо Ты – опора моя. В руку Твою отдаю на хранение дух мой, ибо всегда Ты избавлял меня, Господи, Бог истины. Ненавижу я следующих за суетой лживой и на Господа уповаю. Веселиться буду и радоваться милости Твоей, потому что увидел Ты бедствие мое, узнал несчастье души моей. И не предал Ты меня в руку врага, поставил на просторе ноги мои. Помилуй меня, Господи, ибо в бедствии я, истлело от огорчения око мое, душа моя и нутро мое, Ибо истощилась в печали жизнь моя и лета мои – в стенании, ослабела от греха моего сила моя, кости мои истлели. Из-за всех врагов моих стал я позором для соседей моих, страшилищем стал я для ближних моих, видящие меня на улице удаляются от меня. Забыт я, словно мертвый, для сердца, стал подобный сосуду пропавшему. Ибо слышал я злословие многих, ужас вокруг. Собравшись против меня, замышляют отнять душу мою. А я на Тебя полагаюсь, Господи. Сказал я, Бог мой Ты! В руке Твоей времена мои, судьба моя. Спаси меня от рук врагов моих, от преследователей моих. Пусть воссияет лицо Твое над рабом Твоим, спаси меня милостью Твоей! Господи, да не буду пристыжен, потому что я призвал Тебя. Пусть пристыжены будут нечестивые, умолкнут в преисподней. Пусть онемеют уста лживые, говорящие против праведника заносчиво, с высокомерием и презрением. Как велико благо Твое, которое хранишь Ты для боящихся Тебя, которое делаешь уповающим на Тебя пред сынами человеческими. Ты прячешь их в укрытии лица Твоего от козней людских, скрываешь их в куще от раздоров словесных. Благословен Господь, который явил мне дивную милость Свою в городе укрепленном. А я сказал в поспешности своей: отторгнут я от очей Твоих. Но услышал Ты голос мольбы моей, когда я возопил к Тебе. Любите Господа, все благочестивые Его, хранит Господь верных и воздает с избытком поступающим высокомерно. Мужайтесь, и да крепнет сердце ваше, все надеющиеся на Господа.

Псалом 32

Псалом Давида. Маскиль. Счастлив тот, чье преступление прощено, чей грех закрыт прощен. Счастлив человек, которому Господь не вменяет вины его и в чьем духе нет лжи. Когда молчал я, не обращался к Господу, истлели кости мои в криках моих вседневных. Потому что днем и ночью тяготела надо мной рука Твоя, превратилась свежесть моя в летний зной. Сэла! О грехе моем я сообщил Тебе, вины моей не скрыл. Сказал я: признаюсь в проступках моих Господу, и снял Ты вину греха моего. Сэла! Поэтому молится Тебе каждый благочестивый во время, когда найден Ты, разлив многих вод не застигнет его. Ты укрытие мне, от бедствия Ты охранишь меня, ликованием избавления окружишь меня. Сэла! "Вразумлю тебя и покажу тебе путь, каким пойдешь, советовать буду тебе, обращу взор Мой на тебя". Не будьте, как конь и как мул неразумный, уздой и удилами нужно обуздывать рот его, чтобы он не приблизился к тебе и не укусил тебя. Много болей нечестивому, а уповающего на Господа – милость окружает его. Радуйтесь в Господе и веселитесь, праведники, и пойте все прямодушные.

Псалом 33

Ликуйте, праведники, в Господе, справедливым приличествует славословие. Благодарите Господа на киноре, на десятиструнной арфе играйте Ему! Пойте песнь новую, искусно играйте трубными звуками. Ибо справедливо слово Господне, всякое дело Его верно! Он любит справедливость и правосудие, милостью

Царь Давид

Господней полна земля. Словом Господним небеса сотворены, и дуновением уст Его – все воинство их. Собирает Он, как стену, воды морские, кладет их в хранилища бездны. Бояться должна Господа вся земля, страшиться Его – все живущие во вселенной. Ибо Он сказал – и свершилось, Он повелел – и стало так. Господь расстраивает советы и планы племен, уничтожает замыслы народов. Совет Господень устоит вовек, замысел сердца Его – навечно. Счастлив народ, у которого Господь – Бог его, народ, который Он избрал в наследие Себе. С небес смотрит Господь, видит всех сынов человеческих. С места обитания Своего наблюдает Господь за всеми населяющими землю. Он, создавший сердца всех их, понимающий все дела их. Царю не поможет многочисленное войско, могучего не спасет великая сила. Обман, что конь в помощь ему, и великой силой своей не спасет он всадника. Вот око Господне на боящихся Его и на ожидающих милости Его. Чтобы спасти от смерти душу их, оставить их в живых во время голода. Душа наша ждала Господа, помощь наша и щит наш – Он. Ибо Ему радуется сердце наше, ибо на святое имя Его полагаемся мы. Пусть такова будет милость Твоя, Господи, над нами, как упование наше на Тебя.

Книга Псалмов

Псалом 34

Псалом Давида, – когда он изменил свое поведение, притворился безумным перед Авимэлехом, был изгнан, и ушел. Благословлять буду Господа во всякое время, хвала Ему непрестанно в устах моих. Господом хвалится душа моя, услышат смиренные и возрадуются. Хвалите Господа со мной, превозносить будем имя Его вместе. Вопросил я Господа - и Он ответил мне, от всех ужасов моих спас меня. Смотрели они на Него и просветлели, не устыдятся лица их. Вот страдалец воззвал - и Господь услышал, от всех бедствий спас его. Стоит станом ангел Господень вокруг боящихся Его и спасает их. Вкусите и увидите, как добр Господь. Счастлив человек, полагающийся на Него. Бойтесь Господа, святые Его, ибо нет нужды у боящихся Его. Львы бедны и голодны, а ищущие Господа не испытывают недостатка ни в каком благе. Придите, сыновья, слушайте меня, Богобоязненности я научу вас. Человек, желающий жизни, любящий долголетие, чтобы видеть добро! Стереги язык свой от зла и уста свои – от лживых слов. Уклоняйся от зла и делай добро, ищи мира и стремись к нему. Очи Господни – к праведникам, уши Его – к воплю их. Лицо Господне – против делающих зло, чтобы истребить из земли память о них. Кричали праведники - и Господь услышал, от всех бед избавил их. Близок Господь к сокрушенным сердцем, смиренных духом спасает. Много бед у праведника, и от всех них избавляет его Господь. Охраняет Он все кости его, ни одна из них не сокрушена. Умертвит нечестивого зло, а ненавидящие праведника погибнут. Искупает Господь душу рабов Своих, не погибнут все полагающиеся на Него.

Псалом 35

Псалом Давида. Спорь, Господи, с соперниками моими, воюй с воюющими против меня. Возьми щит, латы и встань на помощь мне! Обнажи копье и закрой путь для преследующих меня, скажи душе моей: Я – спасение твое. Да устыдятся и посрамлены будут ищущие души моей, да отступят назад и опозорены будут замышляющие зло против меня. Да будут они, как мякина пред ветром, ангел Господень да оттолкнет их. Да будет путь их темен и скользок, ангел Господень да преследует их. Потому что без причины спрятали они для меня сеть над ямой, без причины подкапывались они под душу мою. Да придет на него гибель внезапная, и сеть его, которую он прятал, да уловит его самого, – на погибель свою попадет в нее. А душа моя веселиться будет в Господе, радоваться спасению, пришедшему от Него. Все кости мои скажут: Господи, кто подобен Тебе, спасающему слабого от сильного, бедного и нищего – от грабящего. Встали свидетели-злодеи: чего не знаю, о том допрашивают меня. Платят мне злом за добро, гибелью – душе моей. А я, когда болели они, одевался во вретище, мучил постом душу свою! А молитва моя – пусть бы вернулась она ко мне! Будто друг, будто брат это мой – ходил я, как скорбящий по матери, мрачный, поникший. А когда упал я, обрадовались и собрались против меня презренные, которых не знал я, терзают не переставая. С подлыми насмешками из-за лепешки скрежещут на меня зубами. Господи, доколе смотреть будешь? Дай отдохновение душе моей от бедствия, которое наводят они, от львов – единственной моей! Благодарить буду Тебя в собрании большом, среди народа многочисленного хвалить буду Тебя. Пусть не радуются враждующие против меня напрасно, ненавидящие меня несправедливо, не перемигиваются. Ибо не миролюбиво говорят они, против кротких замышляют коварные замыслы. Развевают на меня рот свой, говорят:

Царь Давид

"Ага, ага, видел глаз наш!" Ты видел, Господи, не молчи, Господи, не удаляйся от меня! Пробудись и поднимись для суда моего, Бог и Господь мой, чтобы заступиться за меня. Суди меня по правде Твоей, Господь Бог мой, да не радуются они из-за меня. Пусть не говорят в сердце своем: "Ага, это по душе нам!" Пусть не говорят: "Мы уничтожили его". Пусть устыдятся и осрамятся все радующиеся беде моей, пусть облекутся в стыд и позор возносящиеся надо мной. Пусть торжествуют и веселятся желающие правоты моей и говорят всегда: "Да возвеличится Господь, желающий мира рабу Своему". И язык мой будет проповедовать правду Твою, целый день – хвалу Тебе!

Псалом 36

Руководителю псалом раба Господня Давида. Слово преступное искусителя к нечестивому в сердце моем чувствую я – нет страха Божия пред глазами его. Ибо он льстит ему глазами своими, чтобы найти грех его, чтобы Господь возненавидел его. Слова уст его – нечестие и ложь, перестал он понимать, как исправить путь свой. Нечестие замышляет он на ложе своем, становится на путь недобрый, зла не гнушается. Господи, до неба милость Твоя, верность Твоя –

до туч небесных. Справедливость Твоя, как горы мощные, суды Твои – бездна великая. Человеку и скоту помогаешь Ты, Господи. Как драгоценна милость Твоя, Боже! И сыны человеческие находят убежище в тени крыл Твоих. Насыщаются от тука дома Твоего, из потока услад Твоих поишь их. Потому что у Тебя источник жизни, в свете Твоем видим мы свет. Простри милость Твою к знающим Тебя и справедливость Твою – к прямодушным. Да не наступит на меня нога высокомерного, и рука нечестивых да не изгонит меня. Там пали творящие нечестие, отринуты и не могут встать.

Псалом 37

Псалом Давида. Не соревнуйся со злым, не завидуй творящим несправедливость, ибо, как трава, быстро засохнут они, и, как зелень травы, увянут. Полагайся на Господа и делай добро, живи в стране и храни верность Господу. Наслаждайся Господом и Он исполнит желания сердца Твоего. Вверь Господу путь твой, полагайся на Него – и Он сделает. И проявит, как свет, правоту твою и справедливость твою – как полдень. Жди Господа молча и уповай на Него. Не соревнуйся с преуспевающим на пути своем, с человеком, осуществляющим злые

Царь Давид

замыслы. Останови гнев и оставь ярость, не соревнуйся в делании зла, ибо злые истреблены будут, а надеющиеся на Господа - унаследуют землю. Еще немного – и нет нечестивого, вглядишься в место, где был он – и нет его. А кроткие унаследуют землю и насладятся обилием мира. Замышляет нечестивый злое против праведника, скрежещет на него зубами. Господь смеется над ним, ибо видит, что придет день его. Меч обнажили нечестивые и натянули лук свой, чтобы сразить бедного и нищего, убить идущих прямым путем. Меч их в их же сердце войдет, и луки их сломаются. Лучше немногое для праведника, чем изобилие для множества нечестивых, ибо мышцы нечестивых сокрушены будут, а праведника поддерживает Господь. Знает Господь дни непорочных, и наследие их пребудет вовек. Не будут они пристыжены во время бедствия, в дни голода будут сыты. Ибо нечестивые сгинут, и враги Господа, как тук овец, исчезнут в дыму. Берет взаймы нечестивый и не платит, а праведник оказывает милость и дает. Ибо те, кого благословил Он, унаследуют землю, а проклятые Им истреблены будут. Господь утверждает шаги человека, если путь его угоден Ему. Если падать будет – не упадет, ибо Господь поддерживает руку его. Молод я был и состарился, но не видел я праведника оставленного и детей его, просящих хлеба. Весь день оказывает он милость и дает взаймы, и над потомством его – благословение. Уклоняйся от зла и делай добро, и будешь жить вовек, ибо Господь любит правосудие и не оставляет благочестивых Своих, вечно охраняемы будут они, а потомство нечестивых истребится. Праведники унаследуют страну и будут обитать в ней вовеки. Уста праведника говорят мудрое, а язык его изрекает справедливое. Тора Божья в сердце его, не поскользнутся стопы его. Выслеживает нечестивый праведника и ищет, чтобы умертвить его. Господь не оставит его праведника в руке его нечестивого и не даст обвинить его на суде Его. Надейся на Господа, следуй пути Его - и Он возвысит тебя, чтобы ты овладел страной, а когда истребляемы будут нечестивые – увидишь. Видел я тирана нечестивого, и утвердился он, как укоренившееся свежее дерево. Прошел он – но вот нет его, я искал его – но не нашел. Присмотрись к беспорочному, вглядись в прямого, ибо будущее такого человека – мир. А преступники уничтожены будут разом, потомство же нечестивых истребится. Спасение праведников – от Господа, Он твердыня их во время бедствия. Помогает им Господь и избавляет, избавляет от нечестивых и спасает, ибо на Него уповали.

Псалом 38

Псалом Давида для напоминания. Господи, не в гневе Твоем наказывай меня, не в ярости Твоей карай меня. Ибо стрелы Твои вонзились в меня, опустилась на меня рука Твоя. Нет здорового места в плоти моей от гнева Твоего, нет мира в костях моих от греха моего. Ибо грехи мои захлестнули голову мою. Как ноша тяжелая, невыносимо тяжелы они для меня. Смердят, гноятся раны мои от глупости моей. Согбен я, поник совсем, весь день мрачный хожу, ибо чресла мои полны воспаления и нет здорового места в плоти моей. Ослабел я, удручен чрезвычайно, стону от крика сердца моего. Господи! Пред Тобой все, чего хочу я, и стон мой не скрыт от Тебя! Сердце мое волнуется, покинула меня сила моя, даже свет глаз моих – и его нет у меня. Любившие меня и друзья мои вдали стоят из-за бедствия моего, ближние мои поодаль стоят. Устроили ловушку мне ищущие души моей, желающие несчастья мне говорят злое, целый день замышляют коварное. А я, как глухой, не слышу, как немой, не открывающий рта своего. И стал я, как человек, который не слышит и в чьих устах нет резонов. Ибо на Тебя, Господи, надеюсь, Ты ответишь, Господь Бог мой! Ибо сказал я: а то радоваться будут они из-за меня, если пошатнется нога моя – возгордятся предо мной. Ибо я готов упасть, и боль моя всегда предо мной. Ведь о вине своей рассказываю я и удручен грехом своим. А враги мои здравствуют, несправедливо усилились и умножились ненавидящие меня. Воздающие мне злом за добро, ненавидят меня за стремление мое к добру. Не оставляй меня, Господи, Бог мой, не удаляйся от меня! Спеши на помощь мне, Господи, спасение мое.

Псалом 39

Руководителю Едутун псалом Давида. Сказал я: остерегаться буду на пути своем, стеречь буду уста свои, обуздывая их пока нечестивый предо мной. Онемел я, притих, замолчал даже о добре, а боль моя взбаламутилась. Разгорячилось сердце мое во мне, в разуме моем разгорелся огонь. Заговорил я языком своим: Объяви мне, Господи, конец мой и меру дней моих – какова она, чтобы знать мне, когда перестану жить. Вот, как пяди, Ты дал мне дни, и жизнь моя как ничто пред Тобой; но все суета, всякий человек, стоящий твердо. Сэла! Ведь подобно призраку ходит человек, только суета – шум их; копит, а не знает, кто заберет это. А ныне на что надеяться мне, Господи? Надежда моя на Тебя! От всех проступков моих спаси меня, на поругание негодяю не предавай меня. Онемел я, не открываю рта своего, ибо Ты сделал это. Отврати от меня казнь Твою, от удара руки Твоей пропадаю я. Страданиями наказываешь Ты человека за грех, и заставляешь истаять, как от моли, плоть его, лишь суета всякий человек! Сэла! Услышь молитву мою, Господи, и воплю моему внемли, не будь глух к слезам моим, ибо чужеземец я у Тебя, пришелец, как все праотцы мои. Отврати от меня гнев Твой, и я ободрюсь – прежде, чем уйду и не станет меня.

Псалом 40

Руководителю псалом Давида. Твердо надеялся я на Господа и склонился Он ко мне, услышал вопль мой. Он поднял меня из ямы, полной воды, из липкой грязи, и поставил на скале ноги мои, утвердил стопы мои. Вложил в уста мои песнь новую, хвалу Богу нашему. Увидят многие, устрашатся, и полагаться будут на Господа. Счастлив муж, который Господа сделал опорой своей и не обратился к надменным и к склоняющимся ко лжи. Многое и великое сделал Ты, Господь Бог мой! Чудеса Твои и помыслы Твои – о нас, нет равного Тебе! Возвестил бы я и говорил бы о них, но больше они, чем рассказать можно. Жертв и даров не хочешь, уши Ты открыл мне; всесожжения и жертвы за грех не требуешь. Тогда сказал я: вот, иду, как в свитке книжном предписано мне. Исполнить хочу волю Твою, Бог мой, и Тора Твоя внутри меня. Возвещал я справедливость в собрании большом; вот, не заграждаю уст своих. Господи, Ты знаешь! Справедливость Твою не скрывал я в сердце своем, о верности Твоей и о спасении Твоем говорил я, не утаивал я милости Твоей и истины Твоей пред собранием большим. И Ты, Господи, не удерживай милосердия Твоего от меня! Милость Твоя и истина Твоя пусть всегда охраняют меня! Ибо объяли меня беды неисчислимые, настигли меня грехи мои, так что не могу видеть; больше их, чем волос на голове моей, и сердце мое покинуло меня. Благоволи, Господи, спасти меня; Господи, поспеши на помощь мне! Пусть пристыжены и посрамлены будут все ищущие души моей, чтобы погубить ее, пусть отступят назад и устыдятся желающие зла мне! Пусть оцепенеют от стыда говорящие мне: "Ага! Ага!" Пусть веселятся и радуются Тебе все ищущие Тебя, пусть говорят всегда любящие спасение

Твое: "Велик Господь!" А я беден и нищ. Да помыслит Господь обо мне! Ты помощь моя и избавитель мой, Боже, не медли!

Псалом 41

Руководителю псалом Давида. Счастлив понимающий бедного, в день бедствия спасет его Господь. Господь сохранит его и даст ему жизнь, счастлив будет он на земле, и Ты не отдашь жизнь его врагам его. Господь укрепит его на одре болезни, изменяешь Ты ложе его в недуге его. Сказал я: Господи, помилуй меня, излечи душу мою, ибо согрешил я пред Тобой. Враги мои говорят обо мне злое: "Когда умрет он и исчезнет имя его?" И если приходит кто-нибудь повидать меня – ложь говорит, сердце его собирает неправду в себя, а выйдет вон – толкует. Шепчутся обо мне все ненавидящие меня, замышляют против меня злое: "Слово белиала тяжелая болезнь пристало к нему, и раз слег он – не встанет больше". Даже человек миролюбивый со мной, на которого полагался я, евший хлеб мой, поднял на меня пяту. А Ты, Господи, помилуй меня и подними меня, и я отплачу им. Из того узнаю, что Ты благоволишь ко мне, если враг мой не восторжествует надо мной. А меня – за непорочность мою поддержишь меня пред Собой, навек. Благословен Господь Бог Исраэля от века и до века. Амэн и амэн!

Царь Давид

Вторая книга

Псалом 42

Руководителю маскиль псалом сыновей Кораха. Как олень стремится к источникам вод, так душа моя стремится к Тебе, Боже. Жаждет душа моя Бога, Бога живого. Когда приду и явлюсь пред Богом? Стали слезы мои хлебом для меня днем и ночью, когда говорили весь день: "Где Бог твой?" Вспоминаю об этом и изливаю душу свою, потому что ходил я в многолюдстве, вступал с ними в дом Божий с возгласом радости и благодарения среди праздничной толпы. Что же поникла ты, душа моя, и стенаешь? Полагайся на Господа, ибо еще восславлю Его. Спасение мое – от Него. Боже мой, поникла душа моя, потому что вспоминаю о Тебе в земле Ярдэнской, на Хэрмоне, на горе Мицар. Пучина пучину призывает шумом водопадов Твоих, все валы Твои и волны Твои прошли надо мной. Днем явит Господь милость Свою, и ночью – песнь Ему у меня, молитва к Богу жизни моей. Скажу Богу, твердыне моей: почему Ты забыл меня? Почему мрачным хожу из-за притеснений врага? Сокрушая кости мои, позорят меня враги мои, когда говорят мне весь день: "Где Бог твой?" Что же поникла ты, душа моя, и что стенаешь? Полагайся на Бога, ибо еще восславлю Его, спасение мое, и Бога моего!

Псалом 43

Суди меня, Боже, вступись в спор мой с народом неправедным, от человека лживого и несправедливого избавь меня, ибо Ты – Бог крепости моей. Зачем отринул Ты меня? Почему мрачным хожу из-за притеснений врага? Пошли свет Твой и истину Твою, пусть они ведут меня, пусть приведут меня на гору святую Твою, в обители Твои! И приду я к жертвеннику Божию, к Богу радости и веселья моего, на киноре буду славить Тебя, Бог, Бог мой! Что же поникла ты, душа моя, и что стенаешь? Полагайся на Бога, ибо еще восславлю Его, спасение мое, Бога моего!

Псалом 44

Руководителю псалом сыновей Кораха. Маскиль. Боже! Ушами своими слышали мы, отцы наши рассказывали нам о деянии, что совершил Ты в дни их, в дни древние. Ты рукой Твоей изгнал народы – насадил, сокрушил и рассеял их. Ибо не мечом своим приобрели они страну и не сила их помогла им, а сила Твоя и свет лица Твоего, ибо Ты благоволил к ним.

Царь Давид

Ведь Ты Сам – Царь мой. Боже! Заповедай спасение Яакову! С Тобой врагов наших избодаем, с именем Твоим растопчем поднявшихся на нас. Ибо не на лук свой полагаюсь, и меч мой не спасет меня. Потому что Ты спас нас от врагов наших и ненавидящих нас посрамил. Бога восхваляли мы весь день, и имя Твое навеки прославим. Сэла! Но Ты оставил нас и посрамил нас, и не выходишь с войсками нашими. Ты обратил нас вспять пред врагом, и ненавидящие нас грабят нас. Ты отдал нас, как овец, на съедение и среди народов рассеял нас. Продал Ты народ свой за бесценок и не требовал большой цены за него. Ты отдал нас на посрамление соседям нашим, на посмеяние и поругание – окружающим нас. Ты сделал нас притчей у народов, покачивают головой племена. Весь день позор мой предо мной и стыд покрыл лицо мое. От голоса поносителя и обидчика, из-за взглядов врага и мстителя. Все это пришло на нас. Но мы не забыли Тебя и не изменили завету Твоему. Не отступило назад сердце наше, и не уклонились стопы наши с пути Твоего, хотя Ты сокрушил нас в месте, где обитают шакалы, и покрыл нас смертной тенью. Если бы забыли мы имя Бога нашего и простерли руки наши к божеству чужому, разве не разведал бы этого Бог, ибо знает Он тайны сердца? Ведь из-за Тебя убивают нас весь день, считают нас овцами для заклания. Пробудись, почему спишь Ты, Господи? Пробудись, не оставь навсегда! Почему скрываешь Ты лицо Свое, забываешь бедность нашу и угнетенность нашу? Ибо унижена до праха душа наша, прильнула к земле утроба наша. Встань на помощь нам и выручи нас ради милости Твоей!

Псалом 45

Руководителю на шошаним псалом сыновей Кораха. Маскиль. Песнь любви. Чувствует сердце мое слово доброе. Говорю я: творения мои – царю. Язык мой – перо скорописца. Прекраснейший ты из сынов человеческих, влита прелесть в уста твои, поэтому благословил тебя Господь навеки. Препояши бедро мечом своим, храбрец, красотой своей и великолепием своим! И для величия твоего – преуспевай, воссядь на колесницу истины и кроткой правды, и покажет тебе страшное чудеса десница твоя. Стрелы твои заострены, народы падут под тобой, вонзятся в сердце врагов царя. Престол твой, данный Богом, навеки. Скипетр справедливости – скипетр царства твоего. Любишь ты справедливость и ненавидишь нечестие, поэтому помазал тебя Бог, Бог твой, елеем радости, из собратьев твоих выбрал тебя. Мор мирра и аола алоэ, корица – все одежды твои. Из слоновой кости лиры веселят тебя. Дочери царские среди тех, кто дорог тебе, царица стоит по правую руку твою в золоте офирском. Слушай, дочь, смотри, приклони ухо твое, забудь народ твой и дом отца твоего. И возжелает царь красоты твоей. Он господин твой, а потому поклонись ему. И дочь Цора с даром, и богатейшие из народа умолять будут лицо твое, просить будут милости твоей. Вся слава дочери царской – внутри, золотыми клетками расшита одежда ее. В узорчатых одеждах подведут ее к царю, за ней – девицы, подруги ее, к тебе приводят их. Приведут их с весельем и радостью, придут они во дворец царский. Вместо отцов твоих будут сыновья твои, сделаешь ты их вельможами по всей стране. Памятным сделаю имя твое во всех поколениях, поэтому славить будут тебя народы во веки веков.

Псалом 46

Руководителю псалом сыновей Кораха на аламот песнь. Бог нам убежище и сила, помощь в бедствиях, обретаемая весьма легко. Поэтому не боимся мы, когда колеблется земля и когда шатаются горы в сердце морей. Зашумят, вспенятся воды его, сотрясутся горы от величия Его. Сэла! Речные потоки веселят город Божий, самый святой из обителей Всевышнего. Бог среди него, не пошатнется он, помогать ему будет Бог с раннего утра. Зашумели народы, зашатались царства, подаст Он голос Свой — растает земля. Господь Цваот с нами, крепость наша — Бог Яакова. Сэла! Идите, зрите деяния Господа, который произвел опустошение на земле. Прекращает Он войны до края земли — лук сломает, и копье разрубит, колесницы сожжет огнем. Остановитесь и узнайте, что Я — Бог, превознесен буду среди народов, превознесен буду на земле. Господь Цваот с нами, крепость наша — Бог Яакова. Сэла!

Псалом 47

Руководителю псалом сыновей Кораха. Все народы, рукоплещите, восклицайте Богу голосом ликования. Ибо Господь Всевышний страшен, Царь великий Он над всей землей. Покорит Он народы под нами и племена — под ногами нашими. Он избрал нам наследие наше, гордость Яакова, которую любил Он. Сэла! Вознесся Бог при звуках трубных, Господь — при

Царь Давид

звуке рога. Пойте Господу, пойте, пойте Царю нашему, пойте. Ибо Царь всей земли Бог, пойте мудрые! Воцарился Бог над народами, Бог воссел на престоле святом Своем. Знатные из народов собрались, как народ Бога Авраама. Ибо Богу щиты земли, весьма возвышен Он.

Псалом 48

Песнь псалом сыновей Кораха. Велик Господь и прославлен весьма в городе Бога нашего, на горе святой Его. Прекрасна высота, радость всей земли, гора Цион, на краю северной стороны – город Царя великого. Бог во дворцах его признан оплотом. Ибо вот цари собрались, прошли вместе на войну. Но как увидели – оцепенели, испугались, поспешно бежали. Трепет охватил их и дрожь, как роженицу. Ветром восточным сокрушаешь Ты корабли Таршиша. О чем слышали мы, то и увидели в городе Господа Цваот, в городе Бога нашего. Бог утвердит его во веки веков. Сэла! Размышляли мы, Боже, о милости Твоей среди храма Твоего. Как имя Твое, Боже, как и слава Твоя, – на краях земли! Справедливости полна десница Твоя. Веселиться будет гора Цион, ликовать будут дочери Иеуды из-за судов Твоих над врагами. Окружите Цион и обойдите его, сосчитайте башни его. Обратите сердце ваше к укреплениям его, сделайте высокими дворцы его, чтобы могли вы рассказать поколению грядущему. Что это Бог, Бог наш во веки веков, Он вести нас будет вечно.

Псалом 49

Руководителю псалом сыновей Кораха. Слушайте это, все народы, внимайте, обитатели вселенной. Простолюдины и знатные, вместе – богатый и бедный. Уста мои изрекут мудрое, и думы сердца моего – разумное. Приклоню ухо свое к притче, на киноре начну загадку свою. Чего бояться мне в дни бедствия? Нечестие стоп моих мелкие грехи окружает меня.
Полагающиеся на состояние свое и великим богатством своим похваляющиеся! Человек не выкупит брата своего, не может он дать Богу выкупа за себя. Дорог выкуп за душу их, и не будет такого вовек. Чтобы жил он вечно, чтобы не увидел могилы. Ибо видит каждый: мудрецы умирают, глупец и невежда вместе исчезают и оставляют богатство свое другим. Думают про себя: дома их вечны, жилища их – из рода в род, называют земли именами своими. Но человек в великолепии не долго пребудет, подобен он животным погибающим. Этот путь их –

глупость их, а следующие за ними устами своими одобрят их. Сэла! Как мелкий скот, на гибель обречены они, смерть поведет их, и праведники властвовать будут ими к утру, а сила их сгниет в преисподней; нет у них больше обители. Но Бог избавит душу мою от руки преисподней, ибо Он примет меня. Сэла! Не бойся, когда богатеет человек, когда умножается богатство дома его. Ибо умирая, не возьмет он ничего, не сойдет за ним богатство его. Хотя хвастался он при жизни своей; и хвалили тебя, потому что ты угождал себе. Придет она душа к роду отцов своих, которые вовек не увидят света. Человек, пребывающий в великолепии, но неразумный, подобен животным погибающим.

Псалом 50

Псалом Асафа. Бог, Бог, Господь говорил и призывал землю от восхода солнца до заката его. От Циона, совершенства красоты, явился Бог. Приходит Бог наш и не будет молчать, огонь пожирает народы пред Ним, а вокруг Него неистово. Призывает Он небеса сверху и землю – к суду над народом Своим. Соберите Мне благочестивых Моих, заключивших союз со мной над жертвой. И возвестили небеса справедливость Его, ибо Бог – судья Он. Сэла!

Книга Псалмов

Слушай, народ Мой, и Я буду говорить, Исраэль, и Я предостерегу тебя. Бог, Бог твой Я! Не за жертвы твои укорять буду тебя, и всесожжения твои предо Мной всегда. Не возьму быка из дома твоего, козлов – из загонов твоих. Потому что Мои все звери лесные, скот на тысяче гор. Знаю Я всех птиц горных, и звери полевые – при Мне. Если бы голоден был Я – не сказал бы тебе, ибо Моя вселенная и все наполняющие ее. Разве ем Я мясо быков и кровь козлов пью? Богу принеси жертву, и сделай признание, и исполни пред Всевышним обеты свои. И призови Меня в день бедствия – Я спасу тебя, и будешь ты чтить Меня. А нечестивому сказал Бог: зачем тебе проповедовать законы Мои и носить завет Мой на устах своих? Ты же ненавидишь наставление Мое и бросил слова Мои позади себя. Если видел ты вора – знался с ним, и с прелюбодеями доля твоя ты заодно. Рту своему дал ты волю для злословия, и язык твой сплетает обман. Сидишь, на брата своего наговариваешь, на сына матери твоей возводишь позор. Ты делал это – но Я молчал; подумал ты, что таким же буду Я, как ты, укорять буду тебя и представлю грехи твои пред глазами твоими. Поймите же это, забывающие Бога, а то терзать буду, и никто не спасет. Приносящий жертву и делающий признание чтить будет Меня, а размышляющему и исправляющему путь покажу – спасение Божье.

Псалом 51

Руководителю псалом Давида. Когда пришел к нему Натан, пророк, после того, как тот вошел к Бат Шэве. Сжалься надо мной, Боже, по милости Твоей, по великому милосердию Твоему сотри грехи мои. Смой с меня совершенно грех мой и от проступка моего очисть меня. Ибо преступления свои знаю я и проступок мой всегда предо мной. Пред Тобой Одним согрешил я и зло пред глазами Твоими сотворил; прости, ибо прав Ты в слове Твоем, чист в суде Твоем. Ведь в беззаконии родился я и в грехе зачала меня мать моя. Ведь желаешь Ты истины в почках сокровенной и скрытую мудрость поведаешь мне. Очисти меня эйзовом – и чист буду, омой меня – и стану снега белее. Дай мне услышать радость и веселье, и возрадуются кости, которые сокрушил Ты. Скрой лицо Твое от грехов моих, и все проступки мои сотри. Сердце чистое сотвори для меня, Боже, и дух твердый обнови внутри меня. Не отринь меня от Себя и дух святой Твой не отнимай от меня. Возврати мне радость спасения Твоего и духом благородным поддержи меня. Научу преступных путям Твоим, и грешники к Тебе обратятся. Избавь меня от крови, Боже, Бог спасения моего; воспоет язык мой справедливость Твою. Господи, открой уста мои, и язык мой возвестит хвалу Тебе. Ибо не хочешь Ты жертвы; я принес бы ее – всесожжения не желаешь Ты. Жертвы Богу – дух сокрушенный; сердце сокрушенное и удрученное, Боже, презирать не будешь. Сделай добро Циону по благоволению Твоему, отстрой стены Ирушалаима. Тогда захочешь Ты жертвы справедливости, всесожжения и жертвы цельной, тогда возложат на жертвенник Твой быков.

Псалом 52

Руководителю маскиль псалом Давида. Когда пришел Доэг, эдомитянин, и сообщил Шаулю, сказав ему: "Давид пришел в дом Ахимэлеха". Что похваляешься злодейством, храбрец? Милость Божья весь день! Несчастья замышляет язык твой, – как острая бритва он, – творит обман. Любишь ты зло больше, чем добро, изрекать ложь – больше, чем говорить справедливое. Сэла! Любишь ты всякие слова клеветы, язык лжи. И Бог разрушит тебя навеки, сгребет тебя и прогонит тебя из шатра, и искоренит тебя из земли живых. Сэла! И увидят праведники, и благоговеть будут, а над ним посмеются. Таков муж, который не сделал Бога крепостью своей и полагается на великое богатство свое, укрепляется злодейством своим. А я, как маслина зеленеющая в доме Божьем, полагаюсь на милость Божью во веки веков всегда. Благодарить буду Тебя вечно за то, что сделал Ты, и надеяться на имя Твое, ибо благо оно для благочестивых Твоих.

Псалом 53

Руководителю на махалат маскиль Давид. Сказал негодяй в сердце своем: "Нет Бога!" Губили они, осквернялись беззаконием. Нет делающего добро. Бог с небес смотрел на сынов человеческих, чтобы увидеть, есть ли человек разумный, ищущий Бога. Все отступили, все загрязнились. Нет творящего добро. Нет ни одного. Ведь должны были знать совершающие беззаконие, съедающие народ Мой, как едят хлеб! Бога они не призывали. Там охвачены будут страхом, где нет страха, потому что Бог рассеет кости обложивших тебя, пристыженных тобой, – ибо Бог презрел их. Дано было бы из Циона спасение Исраэлю! Когда возвратит Бог плененный народ Свой, возрадуется Яаков, возвеселится Исраэль!

Псалом 54

Руководителю на негинот маскиль Давид. Когда пришли зифеи и сказали Шаулу: "Ведь Давид скрывается у нас". Боже, именем Твоим спаси меня и силой Твоей вступись за меня. Боже, услышь молитву мою, внемли словам уст моих. Ибо чужие восстали на меня и жестокие искали души моей, не имели Бога пред собой. Сэла! Вот Бог помогает мне, Господь поддерживает душу мою, обратит Он зло на врагов моих. Верностью Твоей истреби их! Добровольно принесу жертвы Тебе, славить буду имя Твое, Господи, ибо оно благо, ибо от каждой беды Он спасал меня и поражение врагов моих видел глаз мой.

Псалом 55

Руководителю на негинот маскиль Давида. Внемли, Боже, молитве моей и не скрывайся от мольбы моей. Внемли мне и дай ответ мне, стенаю я в словах моих горестных и воплю. От голоса врага, от притеснения нечестивого, ибо они причиняют мне зло и в гневе враждуют против меня. Сердце мое трепещет внутри меня, и ужасы смертные напали на меня. Страх и

Царь Давид

трепет пришел на меня, и ужас покрыл меня. И сказал я: кто даст мне крылья, как у голубя? Улетел бы я и поселился в покое. Вот, странствовал бы я вдали, поселился бы в пустыне. Сэла! Поспешил бы я в убежище для меня – от вихря, от бури. Уничтожь их, Господи, раздели языки их, ибо вижу я насилие и распри в городе. Днем и ночью обходят его по стенам его, беззаконие и злодеяние среди него. Несчастье среди него, и не сходит с площади его обман и ложь. Ибо не враг поносит меня – это снес бы я, не ненавистник мой возвышается надо мной – я скрылся бы от него. Но ты, человек, равный мне по достоинству, друг мой и знакомый мой. С которым вместе наслаждались мы советом, ходили в дом Божий в сонме народа. Да возбудит Он против них смертельных врагов, да сойдут они живыми в преисподнюю, ибо злодейство в жилищах их, внутри них. К Богу воззову я и Господь спасет меня. Вечером, и утром, и в полдень умолять буду и вопить, и Он услышит голос мой. Избавил Он в мире душу мою от нападения на меня, ибо во множестве были они возле меня. Услышит Бог, и усмирит их Восседающий издревле – Сэла! – тех, у кого нет перемен, и тех, что не боятся Бога. Кто простер руки свои на пребывающих в мире с ним, нарушил союз свой. Мягче масла уста его, а в сердце его – брань, нежнее елея слова его, но они – мечи обнаженные. Возложи на Господа бремя твое, и Он поддержит тебя, вовеки не даст праведнику поколебаться. И Ты, Боже, низведешь их в яму гибельную; люди кровожадные и коварные не доживут до половины дней своих. А я на Тебя полагаюсь!

Псалом 56

Руководителю по Йонато Эйлэм Рехоким Михтам Давида, когда пелиштимляне захватили его в Гате. Помилуй меня, Боже, ибо человек хочет поглотить меня, весь день враг теснит меня. Хотят поглотить меня неприятели мои весь день, ибо много воюющих со мной, Всевышний! В день, когда в страхе я, на Тебя полагаюсь. На Бога, чье слово хвалю, на Бога полагаюсь, не устрашусь. Что сделает мне плоть? Весь день слова мои извращают, все помыслы их обо мне – во зло. Собираются, притаиваются они, стерегут стопы мои. Как они рассчитывали на душу мою! За беззаконие отринь их, в гневе низложи народы. Боже! Скитание мое исчислил Ты, сложи слезы мои в кожаный мех Твой – не в книге ли они Твоей? Тогда отступят враги мои назад в день, когда воззову я. Из этого узнаю, что Бог со мной. На Бога, чье слово хвалю я, на Господа, чье слово хвалю я. На Бога полагаюсь, не устрашусь. Что сделает мне человек? На мне, Боже, обеты Тебе, заплачу Тебе благодарственными жертвами. Ибо спас Ты от смерти душу мою да и ноги мои от спотыкания, чтобы ходить мне пред Богом в свете жизни.

Псалом 57

Руководителю по Алот ашхэйт михтам Давида, – когда бежал он от Шаула в пещеру. Помилуй меня, Боже, помилуй меня, ибо на Тебя полагалась душа моя и в тени крыл Твоих найду убежище, пока не минуют несчастья. Воззову я к Богу Всевышнему, к Богу, завершающему для меня блага. Пошлет Он с небес милость Свою и спасет меня, посрамит стремящегося поглотить меня. Сэла! Пошлет Бог милость Свою и истину Свою. Душа моя среди львов, лежу я среди огня пылающего, среди сынов человеческих, чьи зубы – копье и стрелы, а язык их – меч острый. Поднимись над небесами, Боже, над всей землей слава Твоя! Сеть приготовили они ногам моим, согнул враг душу мою, выкопали предо мной яму – сами упали в нее. Сэла! Твердо сердце мое, Боже, твердо сердце мое, петь буду и воспевать Тебя. Пробудись, слава моя, пробудись арфа и кинор. Пробужу я утреннюю зарю. Славить буду Тебя среди народов, Господи, воспевать буду Тебя среди племен. Ибо велика до небес милость Твоя и до туч небесных – истина Твоя. Поднимись над небесами, Боже, над всей землей слава Твоя!

Псалом 58

Руководителю по Алот ашхэйт михтам Давида. Разве справедливо говорите вы, сборище нечестивых, беспристрастно ли судите сынов человеческих? Даже в сердце несправедливости совершаете, на земле взвешиваете обдумываете злодеяния рук своих. От утробы материнской с рождения отступили нечестивые, от чрева заблуждаются говорящие ложь. Яд у них, как яд змеи, как у аспида глухого, затыкающего ухо свое. Чтобы не слышать голоса заклинателей, колдуна искусного. Боже, сокруши зубы их во рту их, клыки львов разбей, Господи! Растают они, как воды, пройдут. Напряжет он стрелы свои – как перетертые станут они. Как улитка истает, как выкидыш женщины, не видевший солнца! Прежде, чем терниями станут нежные колючки, гневом Господним, как бурей, унесены будут и они. Возрадуется праведник, ибо видел

Царь Давид

он месть, ноги свои омоет в крови нечестивого. И скажет человек: да, плод – праведному, да, есть Бог, судящий на земле.

Псалом 59

Руководителю по Алот ашхэйт михтам Давида, – когда послал Шауль людей и стерегли они дом, чтобы умертвить его Давида. Спаси меня от врагов моих, Бог мой, от восстающих на меня защити меня. Спаси меня от творящих несправедливость и от людей, проливающих кровь, избавь меня. Ибо вот подстерегают они душу мою, собираются на меня жестокие не за преступление мое и не за грех мой. Господи, не за вину мою сбегаются и приготовляются. Воспрянь навстречу мне и смотри! А Ты, Господь Бог Цваот, Бог Исраэля, пробудись, чтобы наказать все народы, не щади изменников, всех совершающих беззаконие. Сэла! Возвращаются вечером, ворчат, как пес, и кружат в городе. Вот, изрыгают хулу ртом своим, мечи в устах их, ибо думают: кто слышит? Но Ты, Господи, посмеешься над ними, насмехаться будешь над всеми народами. Сила у него у врага моего. Тебя жду, ибо Бог – оплот мой. Бог мой, милующий меня, встретит меня, Бог даст мне увидеть гибель врагов моих.

Не убивай их, а то забудет народ мой, силой Своей заставь их скитаться и низринь их, щит наш, Господь. За грех языка их, за слово уст их. И пойманы будут в надменности своей за проклятья и ложь, которые изрекают они. Истребляй гневом, истребляй, и да не станет их, и узнают до края земли, что Бог владычествует в Яакове. Сэла! И возвращаются вечером, ворчат, как пес, и кружат в городе. Слоняются они, чтобы найти пищу, и, не насытившись, воют. А я воспевать буду силу Твою и восхвалять с утра милость Твою, ибо был Ты оплотом мне и убежищем в день бедствия моего. Сила моя! Тебя воспевать буду, ибо Бог – оплот мой, Бог мой, милующий меня.

Псалом 60

Руководителю на шушан-эйдут михтам Давида, для поучения, –когда воевал он с Арам Наараим и с Арам Цовой, и возвратился Йоав, и поразил двенадцать тысяч из Эдома в Гэй Мэлах. Боже, Ты оставил нас, Ты сокрушил нас, прогневался Ты, восстанови нас! Сотряс Ты землю, расщепил Ты ее, исцели разломы ее, ибо колеблется она. Ты показал народу Твоему жестокое, напоил нас вином ядовитым. Ты дал боящимся Тебя знамя, чтобы поднято было оно, ради истины. Сэла! Чтобы избавлены были любимые Тобой, спаси десницей Твоей и ответь мне! Бог говорил в святости Своей – возрадуюсь я, разделю Шхэм и долину Сукот измерю. Мой Гилад, мой Менашэ, Эфрайим – крепость главы моей, Йеуда – законадатель мой! Моав – горшок умывальный мой, на Эдом брошу башмак свой, Пелэшет - ликуй обо мне! Кто поведет меня в город укрепленный? Кто доведет меня до Эдома? Разве Ты покинул нас, Боже, и не выходишь, Боже, с войсками нашими? Дай нам помощь от врага, ибо тщета – помощь человека. С Богом усилимся мы, а Он попирать будет врагов наших.

Псалом 61

Руководителю на негинот псалом Давида. Услышь, Боже, крик мой, внемли молитве моей! От края земли к Тебе взываю, в слабости сердца моего веди меня на скалу высокую. Ибо Ты был убежищем для меня, башней укрепленной пред врагом. Жить буду вечно в шатре Твоем, укроюсь под сенью крыл Твоих. Сэла! Ибо Ты, Боже, слышал обеты мои, дал Ты наследие боящимся имени Твоего. Добавь дни ко дням царя, годы его продли, как многим поколениям. Пусть пребудет он вечно пред Богом, милость и истину назначь, чтобы охраняли его. Так воспевать буду имя Твое вечно, выполняя обеты свои всякий день.

Псалом 62

Руководителю Йедутуну псалом Давида. Только Бога ждет молча душа моя, от Него – спасение мое. Только Он – крепость моя и спасение мое, оплот мой, не пошатнусь. Доколе нападать будете на человека? Убиты будете все вы, как стена наклонившаяся, как ограда накренившаяся. Низринуть его с высоты советовали они, хотят они лжи. Устами своими благословляют, а внутри – проклинают. Сэла! Только Бога молча жди, душа моя, ибо на Него надежда моя. Только Он – крепость моя и спасение мое, оплот мой. Не пошатнусь! В Боге спасение мое и слава моя, крепость силы моей, убежище мое – в Боге. Надейтесь на Него во всякое время. Народ, излей пред Ним сердце свое, Бог – убежище наше. Сэла! Только суета – сыны человеческие, ложь – сыны людские, если на весы поднять их – ничто все они вместе. Не полагайтесь на грабеж и с похищенным не суетитесь. Когда растет богатство, не прилагайте сердца к этому. Однажды говорил Бог – дважды это слышал я, что сила – у Бога. И у Тебя, Господи, милость, ибо Ты воздаешь каждому по делам его.

Псалом 63

Псалом Давида, когда был он в пустыне Иудейской. Бог, Бог мой Ты. Тебя ищу, жаждет Тебя душа моя, стремится к Тебе плоть моя в земле пустынной, усталой и безводной. Так я созерцал Тебя в святилище, чтобы видеть силу и славу Твою. Потому что лучше жизни милость Твоя. Хвалить будут Тебя уста мои. Так благословлять буду Тебя при жизни моей, во имя Твое подниму руки мои. Как жиром и туком насыщается душа моя, так радостными устами восславит Тебя рот мой. Когда вспоминаю Тебя на ложе своем, пробуждаясь в любое время ночи, размышляю о Тебе. Потому что Ты был в помощь мне, и в тени крыл Твоих воспою. Привязалась к Тебе душа моя, поддерживает меня десница Твоя. А они ищут души моей, чтоб погубить ее, сойдут они в глубины земли. Пролита будет кровь их мечом, уделом лисиц станут они. А царь возвеселится в Боге, похваляться будет каждый клянущийся Им, ибо заграждены будут уста изрекающих ложь.

Книга Псалмов

Псалом 64

Руководителю псалом Давида. Услышь, Боже, голос мой, когда взываю я от ужаса пред врагом. Стереги жизнь мою, укрой меня от совета злых, от шума творящих беззаконие. Тех, что изострили, как меч, язык свой, напрягли стрелу свою – слово злое. Чтобы втайне стрелять в непорочного, внезапно стреляют они в него и не боятся. Утверждают себя в злом намерении, совещаются, чтобы скрыть сети, говорят: кто увидит их? Ищут вину, совершают расследование за расследованием внутри человека и глубоко в сердце! Но поразил их Бог стрелой, внезапно уязвлены они. И заставил их споткнуться собственный язык, покачают головой все видящие их. Устрашатся все люди, возвестят деяние Божье и поймут дела Его. Радоваться будет праведник Господу, найдет в Нем убежище и прославятся все прямодушные.

Псалом 65

Руководителю псалом Давида. Песнь. Молчание – хвала Тебе, Боже, на Ционе исполнен будет обет, данный Тебе. Слышишь молитву, к Тебе придет всякая плоть. Слова грешные сильнее меня, преступления наши простишь Ты.

Царь Давид

Счастлив избранный Тобой и приближенный к Тебе, обитать будет он во дворах Твоих, насытимся благами дома Твоего, святостью храма Твоего. Страшное дивное в справедливости Своей Ты отвечаешь нам, Бог спасения нашего, опора всех концов земли и морей отдаленных. Утверждает Он горы силой Своей, препоясан мощью. Успокаивает шум морей, рев волн их и шум народов. И устрашились обитатели окраин знамений Твоих; с наступлением утра и вечера восхваляем Ты. Вспоминаешь Ты землю и поишь ее, обильно обогащаешь ее, поток Божий полон воды, приготовляешь Ты хлеб для них, ибо так Ты устроил ее. Орошаешь борозды ее, опускаешь дожди на комья ее, дождевыми каплями размягчаешь ее, растущее на ней благословляешь. Увенчал Ты год благом Своим, и пути Твои источают тук. Источают тук пустынные пажити, и радостью препоясываются холмы. Оделись пастбища стадами, и долины укутались хлебом, ликуют и поют.

Псалом 66

Руководителю, песнь. Псалом. Радостно восклицай Богу, вся земля. Пойте славу имени Его, воздайте почесть славе Его. Скажите Богу:

как страшны дела Твои! Из-за силы великой Твоей заискивают пред Тобой враги Твои. Вся земля поклонится Тебе и петь будет Тебе, воспоет имя Твое, сэла! Идите и созерцайте деяния Бога, страшно дело Его для сынов человеческих. Превратил Он море в сушу – реку перешли ногами, там радовались мы Ему. Властвует Он в могуществе Своем вечно, глаза Его смотрят на народы, мятежники не возвысятся они! Сэла! Благословите, народы, Бога нашего и дайте услышать голос славы Его! Он сохранил живой душу нашу и не дал споткнуться ноге нашей. Ибо Ты испытал нас, Боже, очистил нас, как очищают серебро. Ты привел нас в ловушку, навел бедствие на чресла наши. Ты посадил человека на голову нашу, прошли мы сквозь огонь и воду, Ты вывел нас к изобилию. Приду в дом Твой со всесожжениями, заплачу Тебе обеты свои, которые произнесли уста мои и сказал рот мой в бедствии моем. Всесожжения тучные вознесу Тебе с воскурением овнов, принесу в жертву быков с козлами. Сэла! Идите, слушайте, и я расскажу вам, все боящиеся Бога, что сделал Он для души моей. К Нему устами своими воззвал я, и восхваляем Он языком моим. Если бы несправедливость видел я в сердце своем, не услышал бы меня Господь. Но услышал Бог, внял голосу молитвы моей. Благословен Бог, который не отверг молитвы моей и не отвратил от меня милости Своей.

Псалом 67

Руководителю на негинот, песнь. Пусть помилует нас Бог и благословит нас, явит нам светлое лицо Свое, – сэла! Чтобы знали на земле путь Твой, среди всех народов – спасение Твое. Прославят Тебя народы, Боже, прославят Тебя все народы. Радоваться и ликовать будут народы, ибо Ты судишь народы справедливо и племена на земле наставляешь. Сэла! Прославят Тебя народы, Боже, прославят Тебя все народы. Земля дала урожай свой; благословит нас Бог, Бог наш. Благословит нас Бог, и благоговеть будут пред ним все концы земли.

Псалом 68

Руководителю псалом Давида. Песнь. Встанет Бог, рассеются враги его, и убегут ненавидящие Его от Него. Как развеивается дым, так Ты развеешь их; как воск тает от огня, так пропадут грешники пред Богом. А праведники радоваться будут, ликовать пред Богом и торжествовать в радости. Пойте Богу, воспевайте имя Его, превозносите Восседающего на небесах, Того, чье имя – Господь, и радуйтесь пред Ним. Отец сирот и судья вдов – Бог в святой обители Своей. Бог поселяет одиноких в доме, выводит узников, что в оковах, а мятежные остаются в пустыне. Боже, когда выходил Ты пред народом Твоим, когда шествовал Ты пустыней, – сэла! Земля сотряслась, и небо сочилось пред Богом, Синай этот – пред Богом, Богом Исраэля. Дождь благодатный проливал Ты, Боже. Наследие Твое, когда изнемогало оно, укреплял Ты. Община Твоя обитала там, приготовил Ты благо бедному в доброте Своей, Боже! Господь изрекает слово – провозвестниц воинство великое! Цари воинств бегут, а сидящая дома делит добычу. Даже если лежать будете между камнями очага, крылья голубки покроются серебром, а перья – золотом зеленовато-желтым. Когда рассеет Всемогущий царей на ней на земле этой, забелеет она, как снег на Цалмоне. Гора Божья, как гора Башан, гора холмистая! Зачем скачете вы от зависти, горы холмистые? Гору ту возжелал Бог, чтобы обитать на ней, и вечно будет обитать там Господь. Колесницы Божьи – десятками тысяч, тысячи и тысячи, Господь – среди них, как в Синае, в святилище. Ты, Моше, поднялся на высоту, взял в плен Тору, принял дары для людей, и даже среди отступников обитать будет Господь Бог.

Царь Давид

Благословен Господь! Каждый день нагружает Он нас благами, Бог – спасение наше, сэла! Бог нам – Бог во спасение, и у Господа Бога выходы из смерти. Но Бог разобьет голову врагов Своих, темя волосатое ходящего в грехах своих. Сказал Господь: от Башана возвращу, возвращу из глубин морских. Чтобы покраснела нога твоя от крови врагов, язык псов твоих – среди врагов получит он долю свою. Видели они шествия Твои, Боже, шествие Бога, Царя моего в святости. Впереди – певцы, за ними – музыканты, среди молодых женщин – ударяющие в тимпаны. В собраниях благословляйте Бога, Господа, вы, происходящие из Исраэля! Там Беньямин, младший, властвующий над ними, князья Йеуды, одетые нарядно, князья Звулуна, князья Нафтали. Предназначил Бог Твой силу тебе. Силу эту Ты, Боже, сотворил для нас. Из-за храма Твоего, что над Ирушалаимом, дары приносят Тебе цари. Прикрикни на зверя, что в тростнике, на толпу быков могучих с тельцами народов, удовлетворяющуюся слитками серебра. Рассеивает она народы, которые стремятся к битвам. Придут князья из Египта, Куш побежит с дарами в руках своих к Богу. Царства земные, пойте Богу, пойте Господу, Сэла! Восседающему в небесах, в небесах древних.

Ведь раздастся голос Его, голос сильный! Отдавайте силу Богу, над Исраэлем величие Его и мощь Его в небесах. Страшен Бог в святилищах Своих, Бог Исраэля. Он даст силу и мощь народу избранному. Благословен Бог!

Псалом 69

Руководителю на шошаним псалом Давида. Спаси меня, Боже, ибо дошли воды до души моей. Утопаю я в трясине глубокой, и не на чем стоять, попал я в глубины вод, и поток увлек меня. Устал я, взывая, высохло горло мое, угасли глаза мои в ожидании Бога. Больше, чем волос на голове моей, беспричинно ненавидящих меня; усилились стремящиеся уничтожить меня, враги мои лживые; чего не грабил я, то возвращать должен. Боже, знаешь Ты глупость мою, и проступки мои не сокрыты от Тебя. Да не будут пристыжены из-за меня полагающиеся на Тебя, Господь Бог Цваот, да не будут посрамлены из-за меня ищущие Тебя, Бог Исраэля. Ибо за Тебя нес я посрамление, стыд покрыл лицо мое. Чужим стал я для братьев своих и неродным – для сыновей матери моей. Ибо ревностная забота о доме Твоем съела меня и поношения позорящих Тебя пали на меня. И плакал я, в посте душа моя, и это стало поруганием для меня. И сделал я вретище одеждой своей, и стал для них притчей. Говорят обо мне сидящие во вратах, и песни насмешливые поют пьющие шэхар. А я – молитва моя Тебе, Господи. Во время благоволения, Боже, по великой милости Твоей ответь мне истиной спасения Твоего. Спаси меня из грязи, чтобы не утонуть мне, да спасусь я от ненавидящих меня и от вод глубоких. Да не затопит меня поток вод, и да не поглотит меня глубина, и да не закроет надо мной колодец отверстие свое. Ответь мне, Господи, ибо хороша милость Твоя, по великому милосердию Твоему обратись ко мне. И не скрывай лица Твоего от раба Твоего, ибо стеснен я, поскорей ответь мне. Приблизься к душе моей, избавь ее, вопреки врагам моим выручи меня. Знаешь Ты позор мой, и посрамление мое, и стыд мой, пред Тобой все враги мои. Поругание сокрушило сердце мое, и тяжело заболел я, и ждал сострадания, но нет его, и утешителей – но не нашел. И положили в пищу мою яд, и когда жажду я, поят меня уксусом. Да будет стол их ловушкой для них, и для беспечных – западней. Пусть помрачатся глаза их, чтобы не видеть, и чресла их сделай шаткими навсегда. Излей на них гнев Свой, и ярость гнева Твоего пусть настигнет их. Да будет опустошена обитель их, и в шатрах их да не будет жителя! Ибо тех, кого поразил Ты, преследуют они и о страдании раненых Твоих рассказывают. Прибавь грех этот к грехам их, и пусть не достигнут они справедливости Твоей. Пусть изгладятся они из книги живых и с праведниками да не будут записаны. А я беден и страдаю, помощь Твоя, Боже, пусть укрепит меня! Хвалить буду имя Божье песней и возвеличивать Его благодарением. И будет это лучше для Господа, чем бык, чем телец с рогами и копытами. Увидят смиренные, возрадуются: ищущие Бога, да оживет сердце ваше! Ибо внемлет Господь нищим и не презирает узников Своих. Восславят Его небо и земля, моря и все кишащее в них. Ибо Бог спасет Цион, построит города Еуды, и поселятся они там, и унаследуют ее. И потомство рабов Его унаследует ее, и любящие имя Его обитать будут в ней.

Псалом 70

Руководителю псалом Давида, для напоминания. Боже, спаси меня, Господи, на помощь мне поспеши! Пусть пристыжены и посрамлены будут ищущие души моей, отступят назад и устыдятся желающие зла мне. Пусть возвратятся со стыдом говорящие: "Ага! Ага!" Пусть веселятся и радуются Тебе все ищущие Тебя, пусть говорят всегда любящие спасение Твое: "Велик Господь!" А я беден и нищ, Боже, поспеши ко мне! Помощь моя и избавитель мой Ты, Господи, не медли!

Псалом 71

На Тебя, Господи, полагаюсь! Да не буду пристыжен никогда. Справедливостью Своей избавь меня и спаси меня, приклони ко мне ухо Твое и помоги мне. Будь мне скалой, жилищем, куда я мог бы придти всегда. Заповедал Ты помочь мне, ибо скала моя и крепость моя Ты. Бог мой! Спаси меня от руки нечестивого, от руки совершающего беззаконие и грабителя. Ибо Ты надежда моя, Господи Боже, опора моя от юности моей. На Тебя полагался я от чрева, из утробы матери моей Ты извлек меня. В Тебе слава моя всегда. Примером был я для многих, и Ты убежище мое надежное. Полны будут уста мои прославлением Тебя, хвалой Тебе – целый день. Не брось меня во время старости; когда иссякнет сила моя, не оставь меня. Ибо сговариваются враги мои против меня и все подстерегающие душу мою совещаются, говоря: Бог оставил его. Преследуйте его и схватите его, ибо нет избавителя. Боже, не удаляйся от меня,

Книга Псалмов

Бог мой, на помощь мне поспеши. Да устыдятся, сгинут ненавидящие душу мою, покроются стыдом и позором желающие зла мне. А я всегда на Тебя надеяться буду и умножать всякую хвалу Тебе. Уста мои рассказывать будут о справедливости Твоей, весь день – о спасении Твоем, ибо не знаю счета благодеяниям Твоим. Приду рассказать о силе Господа Бога, напоминать буду о справедливости Твоей, только Твоей! Боже, Ты наставлял меня от юности моей, и доныне возвещаю чудеса Твои. И до старости, до седин не оставляй меня, Боже, пока не возвещу силу Твою поколению этому, каждому грядущему – мощь Твою. А справедливость Твоя, Боже, до небес. Боже, сотворивший великое, кто подобен Тебе? Ты, который показал мне беды многие и злые, оживи меня снова и из бездны земли вновь извлеки меня. Ты умножишь величие мое и снова утешишь меня. А я на арфе славить буду Тебя, верность Твою, Бог мой; воспою Тебя на киноре, святой Исраэля. Петь будут уста мои, когда восхвалю Тебя, и душа моя, которую выручил Ты. И язык мой весь день возвещать будет справедливость Твою, ибо пристыжены, ибо посрамлены будут желающие мне зла.

Царь Давид

Псалом 72

О, Шломо. Боже! Законы Твои царю дай и справедливость Твою – сыну царскому. Чтоб судил он народ Твой праведно и бедных твоих – по закону справедливому. Принесут горы и холмы мир народу – за справедливость. Да судит он праведно бедных из народа, помогает сыновьям нищего и подавляет грабителя. Благоговеть будут пред Тобой, доколе светят солнце и луна, во веки веков. Сойдет он, как дождь на скошенный луг, как капли дождевые, орошающие землю. Процветать будет праведник во дни его, и придет обилие мира, доколе не исчезнет луна. И будет властвовать он от моря до моря и от реки до концов земли. И падут пред ним на колени жители пустыни, и враги его лизать будут прах. Цари Таршиша и островов преподнесут дары, цари Шевы и Севы принесут подарки. И поклонятся ему все цари, все народы служить будут ему. Ибо спасет он бедняка вопящего и нищего беспомощного. Помилует он бедняка убогого и души убогих спасет. От насилия и злодеяния избавит он души их, и дорога будет кровь их пред глазами его. И жить будет, и даст он ему из золота Шевы, и молиться будет за него всегда, весь день благословлять его. И будет обильный урожай в стране, на верху гор; заколышутся плоды его, как лес ливанский, и цвести будут умножаться в городе люди, как трава на земле. Вечно пребудет имя его, доколе светит солнце, вечно будет имя его, и благословятся в нем все народы, назовут его счастливым. Благословен Господь Бог, Бог Исраэля, творит чудеса только Он один. И благословенно имя славы Его вовек, и наполнится славой Его вся земля. Амэйн и амэйн! Закончены молитвы Давида, сына Ишаи.

Царь Давид

Третья книга

Псалом 73

Псалом Асафа. Истинно, добр Бог к Исраэлю, к чистым сердцем. А я – едва не подломились ноги мои, чуть не поскользнулись стопы мои. Ибо позавидовал я беспутным, увидев благоденствие нечестивых. Потому что нет им страданий при смерти и крепки силы их. В труде человеческом не участвуют они и как другие люди не мучаются. Поэтому окружили они себя высокомерием, как ожерельем, в одежды насилия облеклись они. Вылезли от тучности глаза их, имеют они больше, чем желало сердце их. Глумятся и злобно говорят о притеснении, свысока говорят. Обратили против неба уста свои и языком своим по земле ходят. Поэтому обращается народ Его туда же, и пьют воду полной чашей и говорят: откуда знает Бог? Есть ли ведение у Всевышнего? Вот эти – нечестивые, а вечно спокойны, и богатства много у них. Действительно, напрасно очищал я сердце свое и омывал в невинности руки свои. И поражаем был я каждый день, и бедствия мои возобновляются всякое утро. Если бы сказал я: буду рассуждать так же, то поколению сыновей Твоих изменил бы я. И думал я: как понять это, трудно было это в глазах моих. Пока не пришел я в святилище Божье; лишь тогда понял я конец их. Истинно, на скользком месте ставишь Ты их, чтобы низринуть их в развалины. Как мгновенно они опустошены были, сгинули, погибли от ужасов. Как сновидение при пробуждении, Господи, образ их в городе в Ирушалаиме унижаешь Ты. Ибо наполнилось горечью сердце мое и почки мои как острием пронзены были. И я невеждой был и не понял, скотом был я пред Тобой. А я всегда с Тобой, Ты держишь меня за правую руку мою. Советом Своим Ты наставляешь меня и потом к славе поведешь меня. Кто еще для меня в небесах? А с Тобой не хочу ничего на земле! Изнемогает плоть моя и сердце мое; твердыня сердца моего и доля моя – Бог, вовеки. Ибо вот погибнут удалившиеся от Тебя, уничтожаешь Ты всякого отвращающегося от Тебя. А я... близость Бога – благо для меня, сделал я Господа Бога убежищем своим, чтобы рассказать о всех деяниях Твоих.

Псалом 74

Маскиль Асафа. Зачем, Боже, Ты оставил навсегда, воздымил гнев на паству Твою! Вспомни общину Свою, которую издревле приобрел Ты, спас Ты колено наследия Своего, гору Цион, на которой обитаешь Ты. Подними стопы Свои на развалины вечные, на все, что разрушил враг в святилище. Рыкали враги Твои в местах собраний Твоих, в храме символами сделали знаки свои. Подобен был он тем, что поднимают топор на заросли древесные. И ныне все украшения его молотом и топором разбивают. Предали огню храм Твой, до земли унизили, осквернили обитель имени Твоего. Сказали они в сердце своем: уничтожим их всех вместе; сожгли они все места собраний Божьих в стране. Знаков наших не увидели мы, нет больше пророка, и не с нами знающий – доколе? Доколе, Боже, хулить будет притеснитель? Вечно ли презирать будет враг имя Твое? Почему отвращаешь Ты руку Свою и десницу Свою? Из недр Своих порази! А ведь Ты, Боже, издревле Царь мой, творящий спасение среди страны. Раздробил Ты море мощью Своей, разбил головы змей на воде. Размозжил Ты головы ливиатана, отдал его на съедение народу, обитателям пустыни. Иссек Ты источник и поток, иссушил Ты реки сильные. Твой день и Твоя ночь, упрочил Ты светило луну и солнце. Ты установил все пределы земли, лето и зиму – Ты их создал. Помни это! Враг поносил Господа, и народ подлый презирал имя Твое. Не отдавай зверю душу голубки Твоей, общину бедных Твоих не забудь вовек. Воззри на завет, ибо полны мрачные места земли жилищами злодейства. Да не возвратится угнетенный пристыженным, бедный и нищий восхвалять будут имя Твое. Встань, Боже, выступи в защиту дела Своего, вспомни, как весь день поносил Тебя негодяй. Не забудь голоса врагов Твоих, шума восстающих на Тебя, подъемлемого беспрестанно.

Псалом 75

Руководителю по Алоташхэйт псалом Асафа. Славим Тебя, Боже, славим, и близко имя Твое. Рассказывают о чудесах Твоих. Когда изберу время, произведу Я суд праведный. Истаивает земля и все населяющие ее, утвердил Я столпы ее. Сэла! Сказал Я беспутным: "Не бесчинствуйте!" и нечестивым: "Не поднимайте рога!" Не поднимайте вверх рога вашего, не говорите, надменно вытянув шею. Ибо не с востока, и не с запада, и не от пустыни возвышение, Ибо только Бог – судья; этого унижает, а того возвышает. Потому что чаша в руке Господней, и вино пенистое, полное приправ горьких в ней, и наливает Он из нее, даже дрожжи осадок выпьют до дна, напьются все нечестивые земли. А я возвещать буду вечно, воспою Богу Яакова. И все рога нечестивых срублю, поднимутся рога праведника.

Псалом 76

Руководителю на негинот псалом Асафа. Песнь. Известен Бог в Еуде, в Исраэле велико имя Его. И была в Шалэм куща Его, и в Ционе – обитель Его. Там сокрушил Он стрелы лука молниеносные, щит, и меч, и войну. Сэла! Блистательней Ты, сильнее гор хищнических. Охватила одурь храбрых сердцем, заснули сном своим, и не нашли рук своих все воины. От окрика Твоего, Бог Яакова, заснули и колесницы и конь. Ты страшен, кто устоит пред Тобой во время гнева Твоего? С небес дал услышать Ты суд, ужаснулась земля и притихла, когда встал на суд Бог, чтобы спасти всех смиренных земли, сэла! Ибо гнев человека восславит Тебя, остаток гнева укротишь Ты. Давайте обеты и платите Господу Богу вашему, все окружающие Его пусть принесут дар Страшному. Укрощающий дух властелинов, страшен Он для царей земли.

Псалом 77

Руководителю Йедутуну псалом Асафа. Голос мой – к Богу, и закричу я, голос мой – к Богу, а

Ты внемли мне. В день бедствия моего Господа ищу я, сочится ночью рука язва моя и не перестает, отказывается от утешения душа моя. Вспоминаю, Боже, и стенаю, размышляю, и изнывает дух мой. Сэла! Удерживаешь Ты веки глаз моих, ошеломлен я и не могу говорить. Размышляю я о днях древних, о годах давних. Вспоминаю ночью пенье свое, беседую с сердцем своим, и ищет ответа дух мой. Неужели навек покинет Господь и не будет благоволить более? Неужели иссякла навек милость Его, определил Он бедствие навсегда? Неужели забыл помиловать Бог, затворил в гневе милосердие Свое? Сэла! И сказал я: боль моя – это изменение десницы Всевышнего.
Вспоминаю о деяниях Господних, вспоминаю о чуде Твоем древнем. И размышляю о всех делах Твоих и о деяниях Твоих говорю. Боже, в святости путь Твой. Кто Бог, великий, как Бог? Ты Бог, творящий чудо, среди народов проявил Ты силу Свою. Избавил Ты мышцей Своей народ Твой, сынов Йаакова и Йосэйфа. Сэла! Видели Тебя воды, Боже, видели Тебя воды – ужаснулись, и бездны содрогнулись. Излили тучи потоки вод, голос подали небеса, и стрелы Твои расходились. Голос грома Твоего в небесах, молнии освещали вселенную, содрогалась и сотрясалась земля. В море путь

Твой, и тропа Твоя в водах великих, и следы Твои неведомы. Вел Ты, как овец, народ Свой рукою Мошэ и Аарона.

Псалом 78

Маскиль Асафа. Внимай, народ мой, учению моему, приклоните ухо ваше к словам уст моих. Открою притчей уста мои, произнесу загадки из древности, которые слушали мы, и знаем их, и отцы наши рассказывали нам. Не скроем от сыновей их, рассказывая поколению грядущему о славе Господней, и мощи Его, и о чудесах Его, которые сотворил Он. И установил Он закон в Яакове и поставил Тору в Исраэле, которую заповедал отцам нашим возвестить сыновьям своим. Чтобы знали они, поколение грядущее, сыновья, которые родятся, чтобы поднялись и рассказали сыновьям своим. И возложили на Бога надежду свою, и не забывали деяний Божьих, а хранили заповеди Его. И чтобы не были, как отцы их, поколение буйное и упорное, поколение, не утвердившее сердце свое, чей дух не верен Богу. Сыновья Эфраима, вооруженные, стреляющие из лука, повернувшие вспять в день битвы. Не хранили они завета Божьего и не следовали Торе Его. И забыли они дела Его и чудеса Его, которые Он показал им. Пред отцами их сотворил Он чудо в земле египетской, в поле Црана. Рассек Он море, провел их, поставил воды, как стену. И вел Он их в облаке днем, и всю ночь – в свете огня. Рассек Он скалы в пустыне и напоил их, как из бездны великой. Исторг Он струи из скалы и низвел воды, как реки. А они еще больше грешили пред Ним, не слушаясь Всевышнего в пустыне. И испытывали они Бога в сердце своем, прося пищи, вожделенной для них. И роптали они на Бога, говоря: "Разве может Бог приготовить стол в пустыне? Истинно, ударил Он скалу, и потекли воды, и полились потоки. Может ли Он и хлеб дать? Приготовит ли мясо для народа Своего?" За то, услышав, разгневался Господь, и огонь разгорелся в Яакове, и гнев поднялся против Исраэля. Потому что не верили они в Бога и не уповали на помощь Его. И повелел Он облакам наверху и двери небес растворил. И дождем пролил им май для еды и хлеб небесный дал им. Хлеб небесный ел человек, пищи послал Он им вдоволь. Ветер восточный двинул Он в небесах и силой Своей навел южный. И дождем пролил на них мясо, как прах, и, как песок морской, – птиц крылатых. И поверг их среди стана его, вокруг жилищ его. И ели они, и насытились весьма, вожделенное дал Он им. Еще не отвратились от вожделения своего, еще

Царь Давид

пища во ртах их, а гнев Божий поднялся на них и убивал тучных из них, и юношей исраэльских поверг. При всем том снова грешили они и не верили чудесам Его. И завершил Он дни их в суете и годы их – в ужасе. Если убивал Он их, просили Его, и возвращались, и искали Бога. И вспоминали, что Бог – крепость их, и Бог Всевышний – избавитель их. И уговаривали они Его устами своими, и языком своим лгали Ему. Но сердце их не было правдиво пред Ним, и не были они верны завету Его. А Он, милостивый, прощает грех и не губит, и много раз отвращал гнев Свой и не пробуждал всей ярости Своей. И помнил Он, что плоть они, уходит и не возвращается дух злой. Сколько раз не слушались они Его в пустыне и печалили Его в земле необитаемой! И снова испытывали они Бога и у Святого Исраэлева просили знамений. Не помнили они руки Его, дня, когда избавил Он их от притеснителя. Когда дал Он в Египте знамения и чудеса Свои – в поле Цоана. И превратил в кровь потоки их, и воду их нельзя было пить. Наслал Он на них аров массу диких зверей или насекомых – и тот пожирал их, и лягушек – и они губили их. И отдал гусеницам урожай их и труд их – саранче. Побил градом виноградные лозы их и смоковницы их – каменным градом. И предал граду скот их и стада их – пламени. Послал Он на них пыл гнева Своего, ярость, и негодование, и бедствие, нашествие посланцев злых. Проложил путь гневу Своему, не берег от смерти души их и жизни их мору предал. И поразил каждого первенца в Египте, начатой силы в шатрах Хамовых. И двинул, как овец, народ Свой, и повел их, как стадо, пустыней. И вел их в безопасности, и не боялись они, и врагов их покрыло море. И привел их к границе святой Своей, к горе этой, которую приобрела десница Его. И прогнал Он пред ними народы, и дал наследие их в надел им, и поселил колена Исраэлева в шатрах их. Но испытывали они и не слушались Бога Всевышнего и законы Его не соблюдали. И отступили они, и изменили, как отцы их, превратились в лук обманчивый. И раздражали Его жертвенными высотами своими и истуканами своими, и гневили Его. Услышал Бог и разгневался и весьма возненавидел Исраэль. И покинул Он скинию в Шило, шатер, в котором обитал Он среди людей. И отдал силу Свою и славу Свою в руку притеснителя. И предал мечу народ Свой, и на наследие Свое разгневался. И юношей его пожирал огонь, и девушкам его не пели брачных песен. Священники его от меча пали, и вдовы его не плакали. И пробудился, как ото сна, Господь, как богатырь, с ликованием отрезвившийся от вина. И поразил Он врагов его сзади, позору вечному предал их. И возненавидел Он шатер Йосэфа и колено Эфраима не избрал. А избрал Он колено Йеуды, гору Цион, которую возлюбил. И выстроил, как небеса, святилище Свое, как землю, основал его навеки. И избрал Давида, раба Своего, и взял его из загонов овечьих. От дойных привел его пасти народ Свой, Яакова, и Исраэля, наследие Свое. И пас их в непорочности сердца Своего и мудростью рук Своих водил их.

Псалом 79

Псалом Асафа. Боже, пришли народы в удел Твой, осквернили храм святой Твой, превратили Ирушалаим в руины. Отдали трупы рабов Твоих на съедение птицам небесным, плоть благочестивых Твоих – зверям земным. Проливали кровь их, как воду, вокруг Ирушалаима, и нет погребающего. Опозорены были мы в глазах соседей наших, осмеяны и посрамлены окружающими нас. Доколе, Господи, гневаться будешь – вечно? Доколе пылать будет, подобно огню, ярость Твоя? Излей ярость Твою на народы, которые не знают Тебя, и на царства, которые не призывают имени Твоего. Потому что пожрал он враг Яакова и жилище его опустошили они. Не напоминай нам грехов предков, пусть поспешит навстречу нам милосердие Твое, ибо очень унижены мы. Помоги нам, Бог спасения нашего, ради славы имени Твоего, и избавь нас, и прости грехи наши ради имени Твоего. Зачем народам говорить: "Где Бог их?" Пусть известным станет среди народов, пред глазами нашими, отмщение за пролитую кровь рабов Твоих! Пусть дойдет до Тебя стенание узника, величием силы Твоей освободи обреченных на смерть! И семикратно возврати соседям нашим, в лоно их, оскорбления, которыми они оскорбляли Тебя, Господи! А мы, народ Твой и паства Твоя, благодарить будем Тебя всегда, вечно рассказывать будем о славе Твоей.

Псалом 80

Руководителю на шошаним эйдут, псалом Асафа. Пастырь Исраэля! Внемли, ведущий Йосэфа, как овец! Восседающий на керувах, явись! Пред Эфраимом, Беньямином и Менаше пробуди мощь Твою и приди на помощь нам! Боже, возврати нас и воссияй лицом Твоим, и будем мы спасены! Господь Бог Цваот! Доколе негодовать будешь на молитву народа Твоего?

Царь Давид

Ты кормил их хлебом слез и поил их слезами – большой мерой. Ты сделал нас распрей для соседей наших, и враги наши насмехаются над нами про себя. Бог Цоваот! Возврати нас и воссияй лицом Твоим, и будем мы спасены! Виноградную лозу из Египта перенес Ты, изгнал народы и посадил ее. Освободил Ты место для нее и укрепил корни ее, и заполнила она страну. Покрылись горы тенью ее, и ветви ее – как кедры Божьи. Простерла она ветви свои до моря, и до реки Прат – побеги свои. Зачем проломил Ты ограды ее? И обирают ее все проходящие по пути. Обгладывает ее вепрь лесной, и зверь полевой объедает ее. Бог Цваот! Возвратись, прошу, взгляни с небес, и посмотри, и вспомни лозу виноградную эту и побег ее, что посадила десница Твоя, и поросль, укрепленную Тобой! Сожжена огнем, обрезана она – от окрика Твоего сгинут они! Да будет рука Твоя над мужем десницы Твоей, над сыном человеческим, которого укрепил Ты. И не отступим мы от Тебя; оживи нас, и призывать будем имя Твое! Господь Бог Цваот! Возврати нас и воссияй лицом Твоим, и будем мы спасены!

Книга Псалмов

Псалом 81

Руководителю на гитит псалом Асафа. Воспойте Богу, силе нашей, восклицайте Богу Яакова! Вознесите пение, дайте тимпан, кинор, звучащий приятно, и арфу. Трубите в шофар в новомесячье, в назначенное время, – для праздничного дня нашего. Ибо закон это для Исраэля, установление от Бога Яакова. Свидетельством для Йосэфа поставил Он его, когда вышел тот в землю египетскую. Язык, которого не понимал, услышал я. Снял Я груз с плеча его, освободились от котла руки его. В бедствии воззвал ты, и Я спасал тебя, отвечал тебе из укрытия громового, испытывал тебя у вод Мэй-Меривы. Сэла! Слушай, народ мой, и Я предостерегу тебя, Исраэль! О, если бы ты послушался Меня! Не будет у тебя Бога чужого, и не будешь ты поклоняться Богу чужеземному! Я – Господь Бог твой, выведший тебя из земли египетской; широко раскрой рот свой, и Я наполню его. И не послушался народ Мой голоса Моего, и Исраэль не хотел слушаться Меня. И прогнал Я их из-за упрямства сердца их – пусть следуют помыслам своим. Если бы народ Мой слушался Меня, если б шел Исраэль по путям Моим, вмиг покорил бы Я врагов их, и на притеснителей их обратил бы руку Свою.

Ненавидящие Господа раболепствовали бы пред Исраэлем, и время наказания их было бы вечным. А Исраэль кормил бы Он туком пшеницы – и медом из скалы насыщал бы Я тебя.

Псалом 82

Псалом Асафа. Бог стоит присутствует в общине Божьей, среди судей судит Он. Доколе судить будете неправедно и оказывать предпочтение нечестивым? Сэла! Судите бедного и сироту, угнетенного и нищего судите праведно. Выручайте бедного и нищего, от руки нечестивых спасайте. Не знают и не понимают, во тьме ходят, шатаются все основания земли. Сказал я: ангелы вы и сыновья Всевышнего все вы. Однако, как человек, умрете и, как любой сановник, упадете. Встань, Боже, суди землю, ибо Ты наследуешь все народы.

Псалом 83

Песнь псалом Асафа. Боже, да не будет у Тебя покоя, не молчи и не будь спокоен. Боже, ибо вот враги Твои шумят и ненавидящие Тебя подняли голову. Против народа Твоего замышляют они дурное втайне и совещаются о сберегаемых Тобой. Сказали они: пойдем и истребим их, чтобы перестали быть народом; и да не будет больше упомянуто имя Исраэля! Ибо единодушны они в совещаниях, против Тебя заключают союз. Шатры Эдома и Ишмеэльтян, Моав и Агрим, Гевал, Амон и Амалек, Плешет с жителями Цора, и Ашур присоединился к ним, стали они помощью сыновьям Лота. Сэла! Сделай им то же, что Мидьяну, Сисре, Явину при потоке Кишоне, истребленным в Эйн Доре, ставшим удобрением земли. Поступи с ними, с начальниками их, как с Орэвом и с Зэвом, как с Звахом и с Цалмуной – со всеми князьями их, которые говорили: возьмем во владения жилища Божьи. Боже мой! Сделай их, как перекати-поле, подобными соломе пред ветром. Как огонь сжигает лес и как пламя опаляет горы, - так преследуй их бурей Своей, вихрем Своим наведи страх на них. Исполни позора лица их, доколе искать не будут имени Твоего, Господи. Пусть пристыжены будут и устрашены навеки, посрамлены будут и да сгинут! И узнают, что Ты – един, имя Твое – Господь, Ты – Всевышний, над всей землей!

Царь Давид

Псалом 84

Руководителю на гитит псалом сыновей Кораха. Сколь возлюблены жилища Твои, Господь Цваот! Тоскует и изнывает душа моя по дворам Господним, сердце мое и плоть моя поют Богу живому. И птица находит дом и ласточка – гнездо себе, куда кладет птенцов своих. А я – у жертвенников Твоих, Господь Цваот, Царь мой и Бог мой. Счастливы пребывающие в доме Твоем, всегда хвалить будут Тебя. Сэла! Счастлив человек, чья сила в Тебе, пути к Тебе – в сердце их. Проходящие долиной Баха превращают ее в источник, и благословением окутывает ее весенний дождь. Идут они от силы к силе, явится он пред Богом в Ционе, Господь Бог Цваот! Слушай молитву мою, внимай, Бог Яакова, сэла! Щит наш! Смотри, Боже, и взгляни на лицо помазанника Твоего! Ибо день во дворах Твоих лучше тысячи. Предпочитаю я стоять у порога дома Бога моего, чем жить в шатрах беззакония. Ибо солнце и щит – Господь Бог, милость и славу дает Господь, не лишает блага ходящих в непорочности, Господь Цваот! Счастлив человек, полагающийся на Тебя!

Книга Псалмов

Псалом 85

Руководителю псалом сыновей Кораха. Благоволил Ты, Господи, к стране Твоей – возвратил Ты плен Яакова. Простил Ты грех народа Твоего, скрыл все грехи их. Сэла! Отстранил Ты все негодование Твое, отвратил ярость гнева Твоего. Возвратись к нам, Бог спасения нашего, и пресеки гнев Твой против нас. Вечно ли будешь Ты гневаться на нас, продлевать гнев Твой из века в век? Ведь Ты снова оживишь нас, и народ Твой радоваться будет Тебе. Яви нам, Господи, милость Твою и помощь Твою дай нам. Услышу, что скажет Бог, Господь, ибо мир обещает Он народу Своему и благочестивым Своим, лишь бы не возвратились они к глупости. Истинно, близко к боящимся Его спасение Его, чтобы обитала слава в стране нашей. Милость и истина встретились, справедливость и мир соединились. Когда правда из земли произрастает, справедливость с небес является. И Господь даст благо, и земля наша даст плод свой. 14 Справедливость пред Ним пойдет, и направит Он ее по пути стоп Своих.

Царь Давид

Псалом 86

Молитва Давида. Приклони, Господи, ухо Твое, ответь мне, ибо угнетен и беспомощен я. Сохрани душу мою, ибо благочестив я, спаси Ты, Бог мой, раба Твоего, полагающегося на Тебя! Помилуй меня, Господи, ибо к Тебе взываю весь день. Обрадуй душу раба Твоего, ибо к Тебе, Господи, возношу душу свою. Ибо Ты, Господи, добр, и прощаешь, и многомилостив ко всем призывающим Тебя. Внемли, Господи, молитве моей и к голосу молений моих прислушайся! В день бедствия моего призываю Тебя, потому что Ты ответишь мне. Нет подобного Тебе среди Богов, Господи, и нет деяний, подобных Твоим. Все народы, которые сотворил Ты, придут и поклонятся пред Тобой, Господи, и прославят имя Твое. Ибо велик Ты и творишь чудеса, Ты – Бог, един Ты. Научи меня, Господи, пути Твоему, ходить буду в правде Твоей, направь сердце мое единственно к боязни имени Твоего. Хвалить буду Тебя, Господь Бог мой, всем сердцем и славить имя Твое вечно. Потому что велика милость Твоя надо мной и спас Ты душу мою из глубин преисподней. Боже, нечестивые поднялись на меня, и сборище жестоких ищет души моей, – а Тебя не представили пред собой. Но Ты,

Господи, Бог жалостливый и милосердный, долготерпеливый и великий в благодеянии и истине. Обратись ко мне и помилуй меня, дай силу Твою рабу Твоему и помоги сыну рабы Твоей. Сотвори для меня знамение к добру, увидят ненавидящие меня и устыдятся, ибо Ты, Господь, помог мне и утешил меня.

Псалом 87

Псалом сыновей Кораха. Песнь. Основания Его на горах святых. Любит Господь врата Циона больше всех обителей Яакова. Славное рассказывается о Тебе, город Божий, сэла! Напомню Раав, Египет и Бавэль, знающим меня. Пелэшет и Цор с Кушем: такой-то родился там. А о Ционе скажут: каждый родился в нем, и Он, Всевышний, укрепит его. Господь запишет в переписи народов: "Такой-то родился там". Сэла! И поющие, и танцующие – все источники мои в тебе.

Псалом 88

Песнь, псалом сыновей Кораха. Руководителю на махалат леанот. Маскиль Эймана Эзрахи. Господь, Бог спасения моего! Днем кричал я, ночью – пред Тобой. Да придет к Тебе молитва моя, приклони ухо Твое к зову моему. Ибо

Царь Давид

пресытилась несчастьями душа моя и жизнь моя достигла преисподней. Причислен я к нисходящим в могилу, стал я как человек без силы. Среди мертвецов, свободный, подобен я убитым, лежащим в могиле, о которых Ты не вспоминаешь больше, и отрезаны они рукой Твоей. Ты положил меня в ров преисподней, в места мрачные, в бездну. Отягощает меня гнев Твой, и всеми волнами Твоими Ты измучил меня. Сэла! Удалил Ты друзей моих от меня, сделал меня скверной для них, заключен я и не могу выйти. Глаз мой болит от страдания, призываю Тебя, Господи, каждый день, к Тебе простер руки свои. Разве творишь Ты чудо для мертвых? Разве встанут усопшие, будут славить Тебя? Сэла! Разве расскажут в могиле о милости Твоей и о верности Твоей – в преисподней? Разве будет известно во мраке чудо Твое и справедливость Твоя – в стране забвения? А я к Тебе, Господи, кричу, и по утру молитва моя предстает пред Тобой. Почему же, Господи, покидаешь Ты душу мою, скрываешь лицо Твое от меня? Измучен я и умираю, переношу ужасы Твои, боюсь! Прошла надо мной ярость Твоя, ужасы Твои истребили меня. Весь день окружают меня, как вода, вместе обступили меня. Ты удалил от меня любящего и друга, знакомые мои – тьма.

Книга Псалмов

Псалом 89

Маскиль Эйтана Эзрахи. Милости Господни вечно воспевать буду, из рода в род устами своими возвещать буду верность Твою. Ибо думал я: свет милостью устроен, в небесах – там утвердил Ты верность Свою. Заключил Я союз с избранным моим, клялся Я Давиду, рабу Моему. Навек утвержу потомство твое и построю навсегда престол твой! Сэла! Хвалить будут небеса - чудо Твое, Господи, и верность Твою – в сонме святых. Ибо кто на небесах сравнится с Господом, уподобится Господу средь сыновей сильных? Почитаем Бог в великом сонме святых и страшен для всех окружающих Его. Господь Бог Цваот! Кто силен, как Ты, Господи? И верность Твоя – вокруг Тебя! Ты властвуешь над гордыней моря, когда вздымаются волны его, Ты укрощаешь их. Ты унизил Раава, как убогого, мышцей сильной Своей рассеял Ты врагов своих. Твое небо и Твоя земля, вселенная и все, что наполняет ее, Ты создал. Север и юг – ты создал их, Тавор и Хэрмон радуются имени Твоему. У Тебя мышца с силой, крепка рука Твоя, поднята десница Твоя. Справедливость и правосудие – основание престола Твоего, милость и истина пред Тобой.

Царь Давид

Счастлив народ, умеющий трубить. Господи, в свете лица Твоего ходят они. Имени Твоему радуются они весь день и справедливостью Твоей возвышаются. Ибо Ты – слава силы их, по благоволению Твоему возвышен рог наш. Ибо от Господа – щит наш, от святого Исраэля – царь наш. Тогда говорил Ты в пророческом видении благочестивым Твоим и сказал: дал Я помощь герою, возвысил избранного из народа! Нашел Я Давида, раба Моего, елеем святым Моим помазал его, того, с кем пребудет рука Моя и кого укрепит мышца Моя. Не притеснит его враг, и злодей не будет мучить его. И сокрушу пред ним притеснителей его и ненавидящих его поражу. И верность Моя и милость Моя – с ним, и именем Моим возвышен будет рог его. И простру до моря руку его, и до рек – десницу его. Он призовет меня: "Отец мой Ты, Бог мой и оплот спасения моего!" Я первенцем сделаю его, выше царей земли. Навек сохраню милость Свою к нему, и союз Мой с ним верен будет. И сделаю вечным потомство его, и престол его – как дни неба. Если покинут сыновья его Тору Мою и не будут следовать законам Моим, если осквернят уставы Мои и заповеди Мои соблюдать не будут, - накажу Я прутом за преступления их, за грех их – язвами. Но милости Моей не отниму у него и не обману в верности Моей. Не нарушу союза Моего и того, что вышло из уст Моих, не изменю. Однажды поклялся Я в святости Своей – не солгу Я Давиду! Потомство его вовек пребудет, и престол его, как солнце, предо Мной. Как луна, утвержден будет он вовек, и свидетель верный – в небесах. Сэла! Но Ты покинул и возненавидел, прогневался на помазанника Твоего. Презрел Ты союз с рабом Твоим, подверг осквернению, бросил на землю корону его. Проломал Ты все ограды его, крепости его превратил в развалины. Грабили его все проходящие по пути, посмешищем стал он для соседей его. Возвысил Ты десницу притеснителей его, обрадовал всех врагов его. Ты обратил назад острие меча его и не дал ему устоять в войне. Отнял Ты блеск его и престол его на землю поверг. Сократил Ты дни юности его, облек его стыдом. Сэла! Доколе, Господи, скрываться будешь – вечно? Доколе пылать будет, подобно огню, ярость Твоя? Вспомни, как ничтожна жизнь! Для какой суеты создал Ты всех сынов человеческих! Кто тот человек, который жить будет и не увидит смерти, спасет душу свою от руки преисподней? Сэла! Где прежние милости Твои, Господи? Клялся Ты Давиду верностью Своей! Вспомни, Господи, поругание рабов Твоих, которое несу я в лоне

своем, от всех народов многочисленных,
которым бесчестят враги Твои, Господи,
которым бесчестят шаги помазанника Твоего!
Благословен Господь вовеки. Амэн и амэн!

Книга Псалмов

Четвертая книга

Псалом 90

Молитва Моше, человека Божьего. Господи, обителью Ты был для нас из рода в род. Прежде, чем родились горы и создал Ты землю и вселенную, и от века до века – Ты Бог! Доводишь Ты человека до изнеможения и говоришь: "Возвратитесь, сыны человеческие!" Ибо тысяча лет в глазах Твоих, как день вчерашний, когда минул он, и как стража ночная треть ночи. Смываешь Ты их, они – как сон поутру, как трава исчезающая, – утром цветет и растет она, вечером вянет и засыхает. Ибо истреблены мы гневом Твоим и яростью Твоей напуганы. Держишь Ты пред Собой проступки наши, грехи молодости нашей – пред светом лица Твоего. Ибо все дни наши прошли в гневе Твоем, растратили мы годы наши быстро, как звук. Дни лет наших – семьдесят лет, а если сильны – восемьдесят лет, и надменность их – суета и ложь, ибо быстро мелькают они, и умираем мы. Кто знает силу гнева Твоего? И подобна страху, который наводишь Ты, ярость Твоя. Научи нас так считать дни наши, чтобы мы приобрели сердце мудрое. Возвратись, Господи! Доколе? И смилуйся над рабами

Твоими! Насыть нас утром милостью Твоей, и мы радоваться будем и веселиться все дни наши. Возвесели нас соразмерно дням, когда Ты заставил нас страдать, годам, когда видели мы бедствие. Да явится пред рабами Твоими деяние Твое, и слава Твоя – над сынами их. И да будет милость Господа Бога нашего на нас, и дело рук наших утверди для нас, и дело рук наших утверди.

Псалом 91

Живущий под покровом Всевышнего в тени Всемогущего обитает. Скажу Господу: убежище мое и крепость моя – Бог мой, на которого полагаюсь я. Ибо Он спасет тебя от сети птицелова, от мора гибельного. Крылом Своим Он укроет тебя и под крыльями Его найдешь убежище, щит и броня – верность Его. Не устрашишься ужаса ночного, стрелы, летящей днем. Мора, во мраке ходящего, чумы, похищающей в полдень. Падет возле тебя тысяча, и десять тысяч – по правую руку твою: тебя не достигнет. Только глазами своими смотреть будешь и возмездие нечестивым увидишь. Ибо ты, сказал: Господь, – оплот мой, Всевышнего сделал ты обителью своей. Не случится с тобой беды, и бедствие не приблизится к шатру твоему, потому что ангелам Своим Он заповедает о тебе – хранить тебя на всех путях твоих. На руках они понесут тебя, чтобы не споткнулась о камень нога твоя. На льва и на аспида наступишь, топтать будешь льва и дракона. Ибо он возлюбил Меня, и Я избавлю его, укреплю его, ибо он узнал имя Мое. Он воззовет ко Мне, и Я отвечу ему, с ним Я в бедствии, спасу его и прославлю его. Долголетием насыщу его и дам ему увидеть спасение Мое.

Псалом 92

Псалом. Песня на день субботний. Хорошо славить Господа и петь имени Твоему, Всевышний. Возвещать утром милость Твою, и верность Твою – ночью. На десятиструнной и на арфе, торжественной песней на киноре. Потому что возвеселил Ты меня, Господи, деянием Твоим, делам рук Твоих радуюсь я. Как величественны дела Твои, Господи, очень глубоки помыслы Твои. Человек невежественный не знает и глупец не понимает этого. Когда разрастаются нечестивые, как трава, и процветают все творящие беззаконие, это для того, чтобы быть истребленными навеки. А Ты, Господь, возвышен вовеки. Ибо вот враги Твои, Господи, ибо вот враги Твои сгинут, рассеются все творящие беззаконие. И вознес Ты, как рог единорога, рог мой, умащен я елеем свежим. И видел глаз мой, как пали враги мои, о восстающих на меня злодеях слышали уши мои. Праведник, как пальма, расцветет, как кедр в Ливане, возвысится. Насажденные в доме Господнем, во дворах Бога нашего расцветут они. Еще и в старости расти будут, станут тучны и сочны, чтобы возвещать, что справедлив Господь, крепость моя, и нет в Нем несправедливости.

Псалом 93

Господь – Царь. Величием облекся Он, силой препоясался. Потому утверждена вселенная, не пошатнется. Утвержден издревле престол Твой, испокон веков Ты. Подняли реки, Господи, голос свой, поднимают реки шум свой. Сильнее шума вод многих, могучих волн морских – Господь в выси. Свидетельства Твои верны совершенно, святость подобает дому Твоему, Господи, вовеки.

Псалом 94

Бог мести, Господь, Бог мести, явись! Поднимись, Судья земли, воздай по заслугам высокомерным! Доколе нечестивым, Господи, доколе нечестивым ликовать? Разглагольствуют, говорят заносчиво, хвастаются все творящие беззаконие. Народ Твой, Господи, притесняют и наследие Твое мучат. Вдову и пришельца убивают и сирот умерщвляют. И говорят: не видит Господь и не разумеет Бог Яакова. Поймите же, невежды из народа! И вы, глупцы, когда образумитесь? Неужели не слышит создавший ухо или не видит сотворивший глаз? Наказывающий народы – ведь и вас покарает Он, научающий человека знанию. Господь знает мысли человека, знает, что суетны они. Счастлив человек, которого наказываешь Ты, Господи, и Торе Своей обучаешь. Чтобы дать ему покой в дни бедствия, пока не выкопана будет яма нечестивому. Ибо не покинет Господь народ Свой и наследия Своего не оставит. Потому что возвратится суд к справедливости, а за ним – все прямодушные. Кто восстанет за меня против злодеев? Кто встанет за меня против творящих беззаконие? Если бы не Господь в помощь мне, скоро в могиле поселилась бы душа моя. Если говорил я: "Пошатнулась нога моя!" – милость Твоя, Господи, поддерживала меня. Когда много тревог у меня, утешения Твои ободряют душу мою. Станет ли другом Тебе сидящий на престоле нечестивости, делающий беззаконие законом себе? Толпами собираются они на душу праведника и кровь невинную обвиняют. Но был Господь оплотом мне, и Бог мой – скалой защиты моей. И Он воздал им за беззаконие их и за злодейство их истребил их, истребил их Господь Бог наш.

Псалом 95

Идите, петь будем Господу, восклицать радостно скале спасения нашего! Предстанем пред Ним с благодарностью, с песнями восклицать будем Ему. Потому что Бог великий Господь и Царь великий над всеми божествами. В чьей руке глубины земли, и выси горные – Его. Кому принадлежит море – и Он создал его, и сушу сотворили руки Его. Придите, поклонимся и склонимся, преклоним колена пред Господом, Создателем нашим. Ибо Он – Бог наш, а мы народ, паства Его, овцы руки Его. О, если бы ныне вы послушались голоса Его! Не ожесточайте сердца своего, как в Мериве, в день Массы в пустыне, когда испытывали Меня отцы ваши, испытывали Меня и видели деяние Мое. Сорок лет надоедало Мне поколение это, и сказал Я: это народ с заблудшим сердцем, и не знают они путей Моих. Так что поклялся Я в гневе Своем, что не войдут они в покой Мой.

Псалом 96

Пойте Господу песню новую, пойте Господу – вся земля! Пойте Господу, благословляйте имя Его, возвещайте изо дня в день помощь Его. Расскажите в народах о славе Его, среди всех племен – чудеса Его. Ибо велик Господь и прославлен весьма, страшен Он – над всеми божествами. Ибо все божества народов – идолы, а Господь небеса сотворил. Слава и великолепие пред Ним, сила и красота в святилище Его. Воздайте Господу, семьи народов, воздайте Господу славу и силу Его хвалите. Воздайте Господу, славу – имени Его, несите дар и приходите во дворы Его. Поклонитесь Господу в великолепии святыни, трепещите пред Ним – вся земля! Скажите среди народов: Господь – Царь, и потому утверждена вселенная, не пошатнется. Судить будет Он народы праведно. Да возвеселятся небеса, и возрадуется земля, зашумит море и все наполняющее его. Да возликуют поля и все, что на них, запоют тогда все деревья леса. Пред Господом, ибо приходит, ибо приходит Он судить землю, судить будет Он вселенную справедливостью и народы – истиной Своей.

Псалом 97

Господь – Царь! Радоваться будет земля, веселиться будут острова многие. Облако и мгла вокруг Него, справедливость и правосудие – основание престола Его. Огонь идет пред Ним и пожирает вокруг врагов Его. Освещают молнии Его вселенную, видит и трепещет земля. Горы, как воск, тают пред Господом, пред Господином всей земли. Возвещают небеса справедливость Его, и видят все народы славу Его. Устыдятся все служащие истукану, похваляющиеся идолами. Поклонитесь Ему, все божества. Услышал и возвеселился Цион, и возрадовались дочери Еуды судам Твоим, Господи. Ибо Ты, Господи, возвышен над всей землей, превознесен над всеми божествами. Любящие Господа, ненавидьте зло! Хранит Он души благочестивых Своих, от руки нечестивых спасает их. Свет засеян для праведника, и для прямодушных – веселье. Радуйтесь, праведники, Господу и славьте имя святое Его.

Книга Псалмов

Псалом 98

Псалом. Пойте Господу песнь новую, ибо чудеса сотворил Он, помогла Ему десница Его и мышца Его святая. Дал знать Господь о помощи Своей, пред глазами народов открыл справедливость Свою. Вспомнил Он милость Свою и верность Свою дому Исраэля. Увидели все концы земли помощь Бога нашего. Радостно восклицайте Господу – вся земля, откройте уста и ликуйте и пойте! Воспойте Господу на киноре и гласом песнопений! Голосом труб и шофара вострубите пред Царем Господом. Зашумит море и все наполняющее его, вселенная и все обитающие в ней. Реки рукоплескать будут, разом возликуют горы. Пред Господом, ибо пришел Он судить землю. Судить будет Он вселенную справедливостью и народы – праведностью.

Псалом 99

Господь царствует! Трепещут народы. Восседает Он над керувами. Колеблется земля. Господь в Ционе велик, и возвышен Он над всеми народами. Славить будут имя Твое великое и страшное – свят Он! И могущество царя в любви его к правосудию. Ты утвердил правоту, правосудие и справедливость в Яакове Ты явил. Превозносите Господа Бога нашего и поклоняйтесь подножию Его – свят Он! Мошэ и Аарон – священники Его, а Шмуэль – среди призывающих имя Его; призывали они Господа, и Он ответил им. В столпе облачном говорил Он к ним, соблюдали они заповеди Его и закон, который Он дал им. Господь Бог наш. Ты ответил им. Богом прощающим был Ты для них и мстящим за деяния их. Превозносите Господа Бога нашего и поклоняйтесь горе святой Его, ибо свят Господь Бог наш.

Псалом 100

Псалом благодарственный. Радостно восклицайте Господу – вся земля! Служите Господу в радости, предстаньте пред Ним с пением. Узнайте, что Господь – это Бог, Он сотворил нас, и мы – Его, народ Его и паства Его. Придите во врата Его с благодарностью, во дворы Его – с хвалой, благодарите Его, благословите имя Его. Ибо добр Господь, вечна милость Его и навеки верность Его.

Псалом 101

Псалом Давида. Милость и правосудие петь буду, Тебе, Господи, воспою. Присмотрюсь к пути непорочности – когда он придет ко мне? С сердцем непорочным ходить буду по дому своему. Не положу пред глазами своими ничего нечестивого, дело неправедных ненавижу, не пристанет оно ко мне. Сердце извращенное удалится от меня, злого не хочу знать. Клевещущего втайне на ближнего своего – уничтожу. Того, чье око высокомерно и сердце надменно, не потерплю. Глаза мои – к верным земли, им сидеть со мной, идущий по пути непорочности – он будет служить мне. Не будет жить в доме моем поступающий лживо, изрекающий ложь не утвердится пред глазами моими. По утрам истреблять буду всех нечестивых земли, чтобы искоренить из города Господня всех творящих беззаконие.

Псалом 102

Молитвы страдальца, когда ослабевает он и пред Господом изливает душу в жалобе своей. Господи, услышь молитву мою, и вопль мой пусть дойдет до Тебя. Не скрывай лица Твоего от меня в день бедствия моего, приклони ко мне ухо Твое; в день, когда воззову я, поспеши ответить мне. Ибо исчезли, как дым, дни мои, и кости мои, как в костре, обгорели. Побито, как трава, и высохло сердце мое, потому что забыл я есть хлеб мой. От голоса стенания моего приклеились кости мои к плоти моей. Стал я похож на пеликана пустынного, как филин, стал я. Был я все время, как птица одинокая на кровле. Целый день позорят меня враги мои, буйствующие против меня клянутся мной. Ведь пепел, как хлеб, ел я и питье мое со слезами смешивал. Из-за гнева Твоего и ярости Твоей, ибо Ты понес меня и бросил меня. Дни мои, как тень простертая, и как трава, засыхаю я. А Ты, Господи, вовеки восседать будешь на престоле Твоем, и память о Тебе – из рода в род. Ты встанешь, сжалишься над Ционом, ибо время помиловать его, ибо настал срок. Ибо возлюбили рабы Твои камни его и прах его любят. И устрашатся народы имени Господа, и все цари земли – славы Твоей. Ибо построил Господь Цион и явился в славе Своей. Внял Он молитве одинокого и не презрел молитвы их. Записано будет это для рода грядущего, и народ, который родится, славить будет Господа. Ибо взглянул Он с высоты святой Своей, Господь с небес посмотрел на землю, чтобы услышать стон узника, развязать узы обреченных на смерть. Чтобы рассказать в Ционе об имени Господнем и славу Его – в Ирушалаиме. Когда соберутся народы вместе и царства – чтобы служить Господу. Он истощил в пути силу мою, сократил дни мои. Говорю я: Боже мой, не подними не погуби меня в половине дней моих – Ты, чьи годы во веки веков. Некогда основал Ты землю, и небеса – дело рук Твоих. Они-то сгинут, а Ты устоишь, и все они, как платье, обветшают; как одежду, Ты переменишь их, и исчезнут они. А Ты – тот же, и годы Твои не окончатся. Сыновья рабов Твоих жить будут, и семя их пред Тобой утвердится.

Псалом 103

Псалом Давида. Благослови, душа моя, Господа. и все нутро мое – имя святое Его. Благослови, душа моя, Господа и не забывай все милости Его. Прощает Он все грехи твои, исцеляет все болезни твои. Избавляет Он от могилы жизнь твою, увенчает тебя милостью и милосердием. Насыщает Он благом рот твой, и обновишь ты, подобно орлу, юность свою. Творит Господь справедливость и правосудие для всех угнетенных. Известил Он Мошэ о путях Своих, сыновей Исраэля – о деяниях своих. Жалостлив и милосерден Господь, долготерпелив и велик в благодеянии. Не вечно будет Он спорить и не всегда хранить гнев. Не по грехам нашим поступал Он с нами и не по проступкам нашим воздал нам. Ибо как высоко небо над землей, так

Царь Давид

велика милость Его к боящимся Его. Как далек восток от запада, так удалил Он от нас преступления наши. Как жалеет отец сыновей, так жалеет Господь боящихся Его. Ибо знает Он, как созданы мы, помнит, что прах мы. Человек – как трава, дни его, как цветок полевой, так отцветает он. Потому что ветер прошел по нему – и нет его, и место его больше не узнает его. А милость Господня во веки веков над боящимися Его, и справедливость Его – для сыновей сынов, хранящих завет Его и помнящих заповеди Его, чтобы исполнять их. Господь в небесах утвердил престол Свой, и царство Его над всем властвует. Благословите Господа, ангелы Его, крепкие силой, исполняющие слово Его, повинующиеся голосу слова Его! Благословите Господа, все воинства Его, служители Его, исполняющие волю Его! Благословите Господа, все творения Его, во всех местах владычества Его! Благослови, душа моя, Господа!

Псалом 104

Благослови, душа моя, Господа! Господи Боже мой, велик Ты необычайно, красотой и великолепием облекся. Окутан светом, как плащом, простер небеса, как завесу. Прикрывает водами верхние чертоги Свои, тучи делает колесницей Себе, шествует на крыльях ветра. Делает Он ветры посланниками Своими, служителями Своими – огонь пылающий. Он утвердил землю на основаниях ее, не пошатнется во веки веков. Бездной, как одеянием, Ты покрыл ее, над горами стали воды. От окрика Твоего убегали они, от голоса громового Твоего поспешали. Поднялись горы, понизились долины на месте том, что Ты основал для них. Границу сделал Ты, не перейдут они воды ее, не возвратятся, чтобы покрыть землю. Посылает Господь источники в долины, между горами расходятся они. Поят всех зверей полевых, дикие звери утоляют жажду. Обитают над ними птицы небесные, меж ветвей раздается голос их. Орошает Господь горы из верхних чертогов Своих, плодами дел Твоих насытится земля. Взращивает Он траву для скота и зелень для труда человеческого, извлекает хлеб из земли. И вино, веселящее сердце человека, и елей, от которого блестит лицо, и хлеб, укрепляющий сердце человека. Насыщаются деревья Господни, кедры Леванона, которые насадил Он, в которых гнездятся птицы; жилище аиста – в кипарисах. Горы высокие – для горных козлов, скалы – убежище для даманов. Он сотворил луну для

Царь Давид

определения времен, солнце знает закат свой. Ты простираешь тьму – и наступает ночь, бродят тогда все звери лесные. Львы рычат о добыче, прося у Бога пищи себе. Взойдет солнце – собираются они и в логовах своих ложатся. Выходит человек для труда своего и для работы своей – до вечера. Как многочисленны дела Твои, Господи! Все мудростью сотворил Ты, полна земля созданиями Твоими. Вот море великое и обширное, там пресмыкающиеся, которым нет числа, животные малые и большие. Там корабли плывут, левиатан, которого сотворил Ты, чтобы он развился в нем. Все они на Тебя надеются, что дашь им пищу во время свое. Дашь им – соберут они, откроешь руку Свою – насыщаются благом. Скроешь лицо Свое – испугаются, заберешь дух их – умрут и в прах свой возвратятся. Пошлешь дух Твой – созидаются они, и обновляешь Ты лицо земли. Да будет слава Господня вовеки, радоваться будет Господь делам Своим. Посмотрит Он на землю – и содрогнется она, коснется гор – и задымятся они. Петь буду Господу при жизни своей, воспою хвалу Богу моему, доколе существую. Да благоволит Он к словам моим, радоваться буду я Господу. Да исчезнут грешники с земли, и нечестивые – да не будет их более! Благослови, душа моя, Господа! Алелуя хвалите Господа!

Псалом 105

Благодарите Господа, призывайте имя Его, возвестите среди народов деяния Его. Пойте Ему, славьте Его, рассказывайте обо всех чудесах Его. Гордитесь именем святым Его, пусть веселится сердце ищущих Господа. Вопрошайте Господа и силу Его, ищите лица Его постоянно. Помните чудеса Его, которые сотворил Он, знамения Его и приговоры уст Его. Семя Авраама, раба Его, сыновья Яакова, избранные Его! Он – Господь Бог наш, по всей земле суды Его. Помнит Он вечно завет Свой – слово, что заповедал Он на тысячу поколений, – который заключил Он с Авраамом, клятву Свою Ицхаку. И поставил Он это Яакову законом, Исраэлю – заветом вечным, сказав: тебе дам землю Кнаан, наследственный удел ваш, – когда было их мало числом, немного, и пришельцами были они в ней. И ходили от народа к народу, из царства одного к племени иному. Не давал Он никому притеснять их и царей наказывал за них. Не трогайте помазанных Моих и пророкам Моим не делайте зла! И призвал Он голод на страну ту, всякую опору хлебную сокрушил.

Царь Давид

Послал Он пред ними человека – в рабы продан был Йосэф. Мучили кандалами ноги его, железо вошло в тело его. Доколе не пришло слово Его – слово Господне очистило его. Послал царь и развязал его, повелел властелин народов и освободил его. Поставил его господином над домом своим и властелином над всем достоянием своим, чтобы связывал он вельмож по воле своей и старейшин его учил мудрости. И пришел Исраэль в Египет, и жил Яаков в стране Хама. И весьма умножил Он народ Свой и сделал его сильнее врагов его. И обратил Он сердце их к ненависти против народа Своего и к злоумышлению против рабов Своих. Послал Он Мошэ, раба Своего, Аарона, которого избрал Он. Совершили они среди них знамения по словам Его и чудеса – в стране Хама. Послал Он мрак – и стемнело, и не противились слову Его. Превратил Он воду их в кровь и умертвил рыбу их. Кишела страна их лягушками, даже комнаты царей. Сказал Он – и пришел аров, вши – во все пределы их. Сделал Он градом дожди их, огонь пылающий зажег в стране их. И побил виноградные лозы их и смоковницы их, и поломал деревья в пределах их. Сказал – и пришел арбэ и елэк виды саранчи, и не было им числа. И пожрали всю траву в стране их и пожрали плоды земли их. И поразил Он всякого первенца в стране их, начатки всей силы их. И вывел их исраэльтян с серебром и золотом, и не было бедняка среди колен их. Обрадовался Египет исходу их, потому что напал на них страх. Простер Он облако, как завесу, и огонь, чтобы светить ночью. Просил народ – и привел Он перепелов и хлебом небесным насытил их. Разверз скалу, и полились воды, потекли в пустыне, как река. Ибо помнил Он слово святое Свое к Аврааму, рабу Своему. И вывел народ Свой в радости, в весельи – избранных Своих. И дал им земли народов, и труд племен унаследовали они, чтобы соблюдать законы Его и сохранять ученья Его. Алелуя!

Псалом 106

Алелуя! Благодарите Господа, ибо добр Он, ибо навеки милость Его! Кто возвестит могущество Господне, провозгласит всю славу Его? Счастливы те, кто хранит правосудие и творит справедливость во всякое время. Вспомни обо мне, Господи, во время благоволения к народу Твоему, вспомни обо мне помощью Твоей. Чтобы видеть благоденствие избранных Твоих, чтобы радоваться радостью народа Твоего, гордиться вместе с наследием Твоим. Грешили мы подобно отцам нашим, провинились мы, творили беззаконие. Отцы наши в Египте не уразумели чудес Твоих, не помнили множества милостей Твоих и возмутились у моря, у Ям-Суфа. Но Он спас их ради имени Своего, чтобы возвестить могущество Свое. И прикрикнул Он на Ям-Суф – и высох он, и провел Он их безднами, как по пустыне. И спас Он их от руки ненавистника и избавил их от руки врага. И покрыли воды врагов их, ни одного из них не осталось. И поверили они словам Его, воспели хвалу Ему. Но быстро забыли они деяния Его, не дождались совета Его. И страстно возжелали мяса в пустыне, и испытывали Бога в Ешимоне пустыне. И дал Он им то, что просили они, но послал изнурение мор душам их. И позавидовали они Мошэ в стане, Аарону, освященному Господом. Разверзлась земля, и поглотила Датана, и покрыла общину Авирама. И загорелся огонь в общине их, пламя спалило нечестивых. Сделали они тельца в Хорэве и поклонялись литому идолу. И променяли славу свою на изображение тельца, едящего траву. Забыли они Бога, спасшего их, совершившего великие деяния в Египте. Чудеса – в земле Хама, страшные деяния – у Ям-Суфа. И сказал Он, что уничтожит их, и истребил бы их, если бы Мошэ, избранный Его, не стал пред Ним в проломе вступился за народ, чтобы отвратить ярость Его от истребления их. И презрели они землю вожделенную, не поверили слову Его. И возроптали они в шатрах своих, не слушали голоса Господня. И поднял Он руку Свою для них поклялся, что повергнет их в пустыне. И потомство их повергнет среди народов, и рассеет их по странам. И прилепились они к Бааль Пеору и ели от жертв, приносимых мертвецам идолам. И гневили они Господа делами своими, и вспыхнул среди них мор. И встал Пинхас, и совершил суд, и прекратился мор. И зачтено это ему в праведность из рода в род, во веки веков. И прогневили они Господа у вод Меривы, и пострадал Мошэ из-за них, ибо возмутили они дух его и изрек он это устами своими. Не уничтожили они те народы, о которых говорил им Господь. И смешались они с народами и научились делам их. И служили они идолам их, и стали те для них западней. И приносили они в жертву бесам сыновей своих и дочерей своих. И проливали они кровь невинную, кровь сыновей своих и дочерей своих, которых приносили в жертву идолам Кнаана, и осквернялась страна кровью. И оскверняли они себя делами своими и грешили действиями своими. И возгорелся гнев Господень на народ Его, и презрел Он наследие Свое. И предал Он их в руку народов и

Царь Давид

властвовали над ними ненавидящие их. И притесняли их враги их, и отдались они в руку их. Много раз Он спасал их, а они возмущали Его решениями своими и унижены были из-за грехов своих. И увидел Он бедствие их, когда услышал молитву их. И вспомнил Он завет Свой с ними и раскаялся по великой милости Своей. И дал Он им милосердие всех пленивших их. Спаси нас, Господь Бог наш, и собери нас из народов, дабы благодарить нам святое имя Твое, гордиться славой Твоей. Благословен Господь, Бог Исраэля, во веки веков. И скажет весь народ: "Амэн, Алелуя!"

Книга Псалмов

Пятая книга

Псалом 107

Благодарите Господа, потому что Он добр, потому что навеки милость Его, – скажут избавленные Господом, которых избавил Он от руки врага. И из стран разных Он собрал их – с востока и с запада, с севера и от моря. Заблудились они в пустыне, на дороге пустынной, города населенного не встретили. Голодны были и жаждали, ослабела душа их. И возопили они к Господу в бедствии своем – от нужды их Он спас их. И повел Он их прямой дорогой, чтобы пришли они в город населенный. Пусть благодарят они Господа за милосердие Его и за чудеса Его – пред сынами человеческими. Ибо насытил Он душу жаждущую, душу голодную наполнил благом. Сидящие во тьме и мраке, окованные страданием и железом, – так как ослушались они слов Божьих и решение Всевышнего отвергли. И подавил Он страданием сердце их, – споткнулись они, и некому помочь. И воззвали они к Господу в бедствии своем, и от нужды их Он избавил их. Вывел Он их из тьмы и мрака и узы их расторг. Пусть благодарят они Господа за милосердие Его и за чудеса Его – пред

Царь Давид

сынами человеческими. Ибо сокрушил Он двери медные и засовы железные разрубил. Глупцы страдают из-за грешного пути своего и из-за беззаконий своих. Всякую пищу отвергает душа их, и дошли они до ворот смерти. И воззвали они к Господу в бедствии своем, и от нужды их Он избавил их. Послал Он слово Свое, и исцелил их, и спас их от могил. Пусть благодарят они Господа за милосердие Его и за чудеса Его – пред сынами человеческими. И принесут жертвы благодарности, и расскажут о делах Его с песнопением. Отправляющиеся на кораблях в море, совершающие работу на водах многих. Видели они дела Господни и чудеса Его – в глубине. И сказал Он, и восставал ветер бурный, и поднял Он волны его. Поднялись они в небо, опустились в бездну; в бедствии растаяла душа их. Кружатся и шатаются они, словно пьяный, и пропала вся мудрость их. И возопили они к Господу в беде своей, и вывел Он их из несчастий их. Сделал Он бурю тишиной, и смолкли волны их. И радовались они, что смолкли, и повел Он их к желанной цели. Пусть благодарят они Господа за милосердие Его и за чудеса Его – пред сынами человеческими. И превозносят Его в общине народной и в собрании старейшин восхваляют. Превращает Он реки в пустыню и источники вод – в сушу, землю плодородную – в солончак, за нечестие живущих на ней. Превращает Он пустыню в озеро вод и землю иссохшую – в источники вод. И поселяет Он там голодных, и строят они город населенный. И засевают они поля и насаждают виноградники, а те приносят плоды и зерно. И благословляет Он их, и умножаются они весьма, и скота их Он не уменьшает. А другие малочисленными становятся и униженными из-за бедствия и печали. Изливает Он позор на знатных и заставляет их блуждать в пустынном месте, где нет пути. Но бедняка поднимает Он над бедностью его, и умножает семьи, словно стадо овечье. Видят прямодушные и радуются, а всякое беззаконие сжимает уста свои. Кто мудр, пусть хранит это в сердце и размышляет над милостями Господними.

Псалом 108

Песнь псалом Давида. Верно сердце мое, Боже, честь для меня петь и восхвалять Тебя. Пробудись арфа и кинор, пробужу я утреннюю зарю. Славить буду Тебя среди народов, Господи, воспою Тебя среди племен. Ибо выше небес милость Твоя и до облаков – верность Твоя. Превознесен будь выше небес, Боже, и над

Царь Давид

всей землей – слава Твоя. Чтобы избавлены были любимые Тобой, спаси десницей Твоей и ответь мне. Бог говорил в святилище Своем, что радоваться буду я: разделю Шехем и долину Суккот измерю. Мой Гилад, мой Менаше, Эфраим – крепость главы моей, Еуда – законодатель мой. Моав – горшок умывальный мой, на Эдом брошу башмак свой, ликовать буду из-за Плэшэта. Кто поведет меня в город укрепленный? Кто доведет меня до Эдома? Разве, Боже, Ты покинул нас и не выходишь, Боже, с войсками нашими? Дай нам помощь от врага, ибо тщета – помощь человека. С Богом усилимся мы, а Он попирать будет врагов наших.

Псалом 109

Руководителю псалом Давида. Боже хвалы моей, не молчи! Потому что разевали на меня рты нечестивые и рты лживые, говорили со мной языком обмана, словами ненависти окружили меня и воевали со мной без причины. За любовь мою они ненавидят меня, а я – молюсь! И воздали мне злом за добро и ненавистью – за любовь мою. Назначь над ним нечестивого, и обвинитель пусть стоит по правую руку его. Когда судиться будет, пусть выйдет виновным, и молитва его да будет во грех. Да будут малочисленны дни его, имущество его пусть возьмет другой. Пусть будут дети его сиротами и жена его – вдовой. Да скитаются дети его, попрошайничают, ищут, выйдя из развалин своих. Пусть заимодавец поставит западню всему, что есть у него, и да разграбят чужие плоды труда его. Да не будет относящегося к нему милостиво и да не будет сострадающего сиротам его. Да будет на погибель потомство его, в следующем поколении да сотрется имя их. Пусть вспомянут будет грех отцов его пред Господом и грех матери его да не изгладится. Да будут они всегда пред Господом и да истребит Он с земли память о них, за то, что забыл он оказывать милость и преследовал человека бедного и нищего и сокрушенного сердцем, чтобы умертвить его. Любил он проклятье – и оно пришло на него, и не желал благословения – и оно удалилось от него. И оделся он проклятием, как одеждой, и вошло оно, как вода, в нутро его, и, как елей, – в кости его. Будет оно ему, как одежда, в которую закутывается он, и поясом, которым он всегда опоясывается. Это воздаяние от Господа ненавидящим меня и говорящим злое о душе моей. А Ты, Боже, Господи, сделай мне доброе, ради имени Твоего, ибо хороша милость Твоя -

спаси меня. Потому что беден и нищ я и сердце мое сокрушено во мне. Как тень склоняющаяся, прошел я, встряхнуло меня, как саранчу. Колени мои ослабели от поста, и тело мое исхудало, так что нет на нем жира. И был я позором для них, видя меня, качают они головой. Помоги мне, Господь Бог мой, спаси меня по милости Твоей. И узнают, что это рука Твоя, Ты, Господь, сотворил это. Проклинают они, а Ты благослови; встали, но посрамлены будут, а раб Твой возрадуется. Облекутся позором ненавидящие меня и окутаются, как одеждой, стыдом своим. Благодарить буду сильно Господа устами своими и среди многих восхвалю Его. Потому что справа от бедного стоит Он, чтобы спасти от судящих душу его.

Псалом 110

Псалом Давида. Слово Господа к господину моему: сиди справа от Меня, доколе не сделаю врагов твоих подножием ног твоих. Жезл силы твоей пошлет Господь из Циона – властвуй среди врагов твоих! 3 Народ твой добровольно придет к тебе в день войны твоей в великолепии святости; от чрева, от зари – тебе роса юности твоей. Клялся Господь и не раскается: ты священник вовеки, по слову Моему, – как

Малкицэдэк. Господь справа от тебя. Разгромил Он царей в день гнева Своего. Судить будет Он народы – земля полна трупами, поразит голову страны обширной. Из потока в пути пить будет, поэтому поднимет голову.

Псалом 111

Алелуя. Славить буду Господа всем сердцем в совете прямодушных и в общине их. Велики деяния Господни, истолкованы они любящими их. Красота и великолепие – дело Его, и справедливость Его пребывает вовек. Памятными сделал Он чудеса Свои, милосерден и жалостлив Господь. Пищу дал Он боящимся Его, помнит вечно завет Свой. Могущество дел Своих показал Он народу Своему, дав ему наследие народов. Дела рук Его – истина и правосудие, верны все заповеди Его. Утверждены они во веки веков, сотворены в истине и прямоте. Избавление послал Он народу Своему, заповедал навеки завет Свой; свято и страшно имя Его. Начало мудрости – благоговение пред Господом. Разум добрый у всех исполняющих их заповеди – слава его пребудет вовек.

Царь Давид

Псалом 112

Алелуя. Счастлив человек, боящийся Господа, страстно любящий заповеди Его. Сильно будет на земле потомство его, род прямодушных благословится. Изобилие и богатство в доме его, и воздаяние за справедливость его пребывает вовеки. Сияет в темноте свет для прямодушных, ибо милосерден, жалостлив и справедлив Он. Благо человеку милосердному и дающему взаймы, ведет он справедливо дела свои, ибо вовеки не пошатнется он, в вечной памяти останется праведник. Слуха дурного не боится он, твердо сердце его – полагается он на Господа. Уверено сердце его, не страшится, уверен он, что увидит поражение врагов своих. Щедро оделял, давал он бедным, справедливость его пребывает вечно, рог его вознесется в славе. Нечестивый увидит и разгневается, зубами скрежетать будет и истает. Сгинет вожделение нечестивых!

Псалом 113

Алелуя. Хвалите, рабы Господни, хвалите имя Господне! Да будет благословенно имя Господне отныне и вовеки. От восхода солнца до заката его прославлено имя Господне.

Возвышен над всеми народами Господь, над небесами слава Его. Кто как Господь Бог наш, восседающий высоко. Склоняющийся, чтобы видеть, – в небесах и на земле. Поднимающий из праха бедняка, из сора возвышающий нищего, чтобы посадить его со знатными народа его. Бездетную, сидящую дома, превращает в мать, радующуюся детям. Алелуя.

Псалом 114

Когда вышел Исраэль из Египта, дом Яакова – от народа чужого, стала Еуда святыней Его, Исраэль – подвластным Ему. 3 Море увидело и побежало, Ярдэн обратился вспять. Горы скакали, как овны, холмы – как ягнята. Что с тобой, море, что побежало ты? Ярдэн, – что обратился ты вспять? Горы, что скачете вы, как овны, холмы – как ягнята? Пред Господином своим трепещи, земля, пред Богом Яакова, превращающим скалу в озеро вод, кремень – в источники вод.

Царь Давид

Псалом 115

Не нам, Господи, не нам, но имени Твоему дай славу – ради милости Твоей, ради верности Твоей. Для чего говорить народам: "Где же Бог их?" А Бог наш – на небесах. Все, что хочет, делает Он. Идолы их – серебро и золото, дело рук человеческих: Рот у них – а не говорят, глаза у них – а не видят, уши у них – а не слышат, нос у них – а не обоняют, руки у них – а не осязают, ноги у них – а не ходят, не издают звука горлом своим. Пусть подобны им будут делающие их, всякий полагающийся на них. Исраэль, полагайся на Господа! Он помощь их и щит их. Дом Аарона, полагайся на Господа! Он помощь их и щит их. Боящиеся Господа, полагайтесь на Господа! Он помощь их и щит их. Господь вспомнил нас, благословит Он, благословит Он дом Исраэля, благословит Он дом Аарона! Благословит Он боящихся Господа – малых с великими. Да прибавит Господь вам, вам и сыновьям вашим. Благословенны вы Господом, сотворившим небо и землю. Небеса эти, небеса – Господу, а землю Он отдал сынам человеческим. Не умершие хвалить будут Господа и не нисходящие в преисподнюю, а мы благословлять будем Господа отныне и вовеки. Алелуя.

Книга Псалмов

Псалом 116

Люблю я, когда слышит Господь голос мой, мольбу мою. Ибо приклонил Он ко мне ухо Свое; и в дни мои призывать буду Его. Объяли меня узы смерти, и муки преисподней настигли меня, бедствие и скорбь обрел я. И призываю я имя Господне, прошу, Господи, спаси душу мою. Милостив Господь и справедлив, и жалостлив Бог наш. Хранит Господь простаков; обеднел я, но Он спас меня. Возвратись, душа моя, к покою твоему, потому что Господь сделал благо тебе. Ибо спас Ты от смерти душу мою, око мое – от слез, ногу мою – от преткновения. Ходить буду пред Господом в стране живых. Веровал я, когда говорил, измучен был я очень. Сказал я в поспешности своей: все люди лживы. Чем воздам я Господу за все благодеяния Его? Чашу спасения подниму и имя Господне призову. Обеты мои Господу исполню пред всем народом Его. Тяжела в глазах Господа смерть благочестивых Его. Прошу, Господи, ибо я раб Твой, я раб Твой, сын рабы Твоей, развязал Ты узы мои! Тебе принесу жертву благодарения и имя Господне призову. Обеты мои Господу исполню пред всем народом Его. Во дворах дома Господня, среди тебя, Ирушалаим. Алелуя!

Царь Давид

Псалом 117

Хвалите Господа, все народы, славьте Его, все племена. Потому что велика милость Его к нам и верность Господня – навек. Алелуя!

Псалом 118

Славьте Господа, потому что добр Он, потому что навеки милость Его. Пусть скажет Исраэль, что вечна милость Его. Пусть скажет дом Аарона, что вечна милость Его. Пусть скажут боящиеся Господа, что навеки милость Его. Из тесноты воззвал я к Господу – простором ответил мне Господь. Господь со мной, не устрашусь. Что сделает мне человек? Господь мне в помощь, и увижу я гибель ненавидящих меня. Лучше уповать на Господа, чем надеяться на человека. Лучше уповать на Господа, чем надеяться на знатных. Все народы окружили меня, но именем Господним я уничтожу их. Окружили меня, окружили, но именем Господним я уничтожу их. Окружили меня, как пчелы, но угасли, как огонь в колючках, – именем Господним я уничтожу их. Ты сильно толкнул меня, чтобы упал я, но Господь помог мне. Сила моя и ликование – Господь, и стал Он спасением мне. Голос радости и спасения в шатрах праведников, десница Господня творит силу. Десница Господня вознесена, десница Господня творит силу. Не умру, но жив буду и расскажу о деяниях Господних. Наказать наказал меня Господь, но смерти не предал. Откройте мне ворота справедливости, я войду в них, возблагодарю Господа. Это ворота Господни, праведники войдут в них. Возблагодарю Тебя, ибо Ты ответил мне и стал мне спасением. Камень, который отвергли строители, стал главой угла. От Господа было это, дивно это в глазах наших. Это день, сотворенный Господом, будем ликовать и радоваться ему. Прошу, Господи, спаси, прошу, Господи, споспешествуй! Благословен приходящий во имя Господне, благословляем вас из дома Господня. Всесилен Господь, и Он дал нам свет, привяжите вервями праздничную жертву к рогам жертвенника. Бог мой Ты, и я благодарить буду Тебя, Бог мой, превозносить буду Тебя. Благодарите Господа, ибо добр Он, ибо навеки милость Его,

Псалом 119

Счастливы те, чей путь непорочен, следующие Торе Господней. Счастливы хранящие заповеди Его, всем сердцем они ищут Его. Не творят они нечестия, ходят путями Его. Ты заповедал твердо хранить повеления Твои. Молю, пусть направлены будут пути мои к соблюдению законов Твоих. Тогда не устыжусь, всматриваясь во все заповеди Твои. Славить буду Тебя прямотою сердца, изучая справедливые законы Твои. Законы Твои хранить буду, – не оставь меня совсем! Как очистит юноша путь свой? Сохраняя себя по слову Твоему! Всем сердцем своим я искал Тебя, не дай мне ошибиться, отступить от заповедей Твоих. В сердце моем заключил я слово Твое, чтобы не грешить пред Тобой. Благословен Ты, Господи, – научи меня уставам Твоим! Устами своими возвещал я все решения уст Твоих. Следуя по пути заповедей Твоих, радовался я, как другие – всякому богатству. О повелениях Твоих размышляю и всматриваюсь в пути Твои. Установлениями Твоими утешаюсь, не забуду слова Твоего! Облагодетельствуй раба Твоего, чтобы жил я и хранил слово Твое. Открой глаза мои, чтобы я увидел чудесное из Торы Твоей. Чужеземец я на земле, – не скрывай от меня заповедей Твоих! Сокрушена душа моя от жажды законов Твоих, во всякое время. Пригрозил Ты злодеям, проклятым, отступающим от заповедей Твоих. Сними с меня позор и поношение, ибо заповеди Твои сохранил я. И сидели вельможи, обо мне сговаривались, а раб Твой размышлял о законах Твоих. И заповеди Твои – утешение мое, советники мои. Прильнула к праху душа моя, оживи меня по слову Твоему! Рассказал я о пути своем, и Ты ответил мне – научи меня законам Твоим. Путь повелений Твоих дай мне уразуметь, и размышлять буду о чудесах Твоих. Истаивает от грусти душа моя, укрепи меня по слову Твоему. Путь лжи устрани от меня и Тору Твою даруй мне. Путь веры избрал я, законы Твои поставил пред собой. Прильнул я к заповедям Твоим, Господи, – не пристыди меня! Путем заповедей Твоих поспешу, когда Ты дашь простор сердцу моему. Укажи мне. Господи, путь законов Твоих, и я буду придерживаться его до конца. Вразуми меня, и я буду придерживаться Торы Твоей и хранить ее всем сердцем. Веди меня по пути заповедей Твоих, ибо его возжелал я. Склони сердце мое к заповедям Твоим, а не к корысти. Отврати глаза мои от созерцания суеты, путем Твоим оживи меня. Утверди для раба Твоего слово Твое о благоговений пред Тобой. Отврати позор мой, которого страшусь я, ибо решения Твои благи. Вот, возжелал я повелений Твоих, правдой Твоей оживи меня! И да придет ко мне милость Твоя, Господи, спасение от Тебя – по слову Твоему. И я дам

Царь Давид

ответ поносящему меня, ибо уповаю я на слово Твое. Не отнимай совсем от уст моих слова правды, ибо правосудия Твоего ожидаю я. И хранить буду Тору Твою всегда, во веки веков. И ходить буду на просторе, ибо повелении Твоих искал я. И говорить буду по заповедям Твоим пред царями и не устыжусь. И утешаться буду заповедями Твоими, которые люблю я. И вознесу руки свои к заповедям Твоим, которые люблю я, и размышлять буду о законах Твоих. Вспомни слово Твое к рабу Твоему, которым Ты поддерживал меня. Это утешение мое в бедствии моем, потому что слово Твое оживляет меня. Злодеи осмеивали меня чрезвычайно – от Торы Твоей не уклонился я. Вспоминаю я установления Твои древние, Господи, и утешаюсь. Дрожь охватила меня из-за нечестивых, оставляющих Тору Твою. Песнями были мне законы Твои в доме, где обитал я. Вспоминал я ночью имя Твое, Господи, и сохранял Тору Твою. Это сталось со мной, потому что сохранял я Тору Твою. Удел мой, Господи, сказал я, – соблюдать слова Твои. Умоляю Тебя всем сердцем – помилуй меня по слову Твоему. Размышлял я о путях своих и обращал стопы свои к заповедям Твоим. Спешил я и не медлил хранить заповеди Твои. Банды нечестивых окружили меня – Тору Твою не забыл я. В полночь встаю я благодарить Тебя за суды Твои праведные. Товарищ я всякому, кто благоговеет пред Тобой и хранит повеления Твои. Милости Твоей, Господи, полна земля, – научи меня законам Твоим. Благо сотворил Ты рабу Твоему, Господи, по слову Твоему. Доброму разумению и ведению научи меня, ибо в заповеди Твои верю я. До того, как страдал я, заблуждался я, а ныне слово Твое храню. Добр Ты и творишь благо, научи меня законам Твоим. Возвели на меня ложь злодеи, – а я всем сердцем соблюдаю повеления Твои. Отупело, стало как тук, сердце их, – а я Торой Твоей утешался. Благо мне, что страдал я, чтобы научиться законам Твоим. Лучше для меня Тора из уст Твоих, чем тысячи золотых и серебряников. Руки Твои сотворили меня и утвердили меня, вразуми меня, и изучу я заповеди Твои. Боящиеся Тебя увидят меня и возрадуются, ибо на слово Твое полагался я. Знаю я, Господи, что праведны решения Твои и наказал Ты меня по справедливости. Пусть будет милость Твоя утешением моим, по слову Твоему к рабу Твоему. Пусть придет ко мне милосердие Твое, а я жить буду, потому что Тора Твоя – отрада моя. Пусть пристыжены будут злодеи, потому что ложно, несправедливо судили меня, – а я размышлять буду о повелениях Твоих. Пусть

Царь Давид

возвратятся ко мне боящиеся Тебя и знающие наставления Твои. Да будет целостно сердце мое в законах Твоих, чтобы не устыдился я. Жаждет душа моя помощи Твоей, на слово Твое уповаю я. Жаждут глаза мои слова Твоего, говоря: когда Ты утешишь меня? Хоть стал я, как мех прокопченный, – не забыл законов Твоих. Сколько дней у раба Твоего? Когда устроишь Ты суд над преследователями моими? Вырыли мне яму злодеи, вопреки Торе Твоей. Все заповеди Твои – истина, несправедливо они преследовали меня – помоги мне! Едва не погубили меня на земле, но я не оставил повелений Твоих. По милости Твоей оживи меня, и я буду хранить повеления уст Твоих. Навсегда, Господи, слово Твое установлено в небесах. Во веки веков верность Твоя. Утвердил Ты землю – и стоит она. По законам Твоим стоят они до сего дня, ибо все подчинено Тебе. Если бы не Тора Твоя – отрада моя, – пропал бы я в бедствии моем. Никогда не забуду повелений Твоих, потому что ими Ты оживил меня. Твой я, помоги мне, потому что повелений Твоих – их ищу я. Надеялись нечестивые погубить меня, а я всматриваюсь в заповеди Твои. Всему совершенному я видел предел, но заповедь Твоя пространна безмерно. Как люблю я Тору Твою! Весь день она – предмет размышлений моих.

Книга Псалмов

Мудрее врагов моих делает меня заповедь Твоя, ибо вовеки – моя она. От всех учивших меня умудрялся я, ибо заповеди Твои – помысел мой. От старцев вразумлялся я, потому что повеления Твои соблюдал я. От всякого дурного пути удерживал я ноги мои, чтобы хранить слово Твое. От законов Твоих не отступал я, потому что Ты обучал меня. Как сладки для неба моего слова Твои, более, чем мед для уст моих. Повелениями Твоими вразумлен я, оттого ненавижу всякий путь лжи. Слово Твое – светильник ноге моей и свет стезе моей. Клялся я – и исполню! – хранить законы справедливые Твои. Удручен я очень, Господи, оживи меня по слову Твоему. К молитве уст моих благоволи, прошу, Господи, и законам Твоим научи меня. Душа моя в руке моей всегда в смертельной опасности, но Тору Твою не забыл я. Поставили нечестивые сеть мне, а я не уклонился от повелений Твоих. Унаследовал я заповеди Твои навеки, ибо они – радость сердца моего. Склонил я сердце мое к исполнению законов Твоих навек, до конца. Злонамеренных ненавижу я, а Тору Твою люблю. Убежище мое и щит мой Ты, слова Твоего жду я. Удалитесь от меня, нечестивые, и хранить буду заповеди Бога моего. Поддержи меня, по слову Твоему, чтобы жить мне, и не посрами меня в надежде моей.

Царь Давид

Укрепи меня, и спасен буду и заниматься буду законами Твоими всегда. Попираешь Ты всех отступающих от законов Твоих, потому что тщетна ложь их. Как шлак, устранил Ты всех нечестивых земли, поэтому люблю я заповеди Твои. Содрогнулась от страха пред Тобой плоть моя, и судов Твоих боюсь я. Творил я суд и справедливость, не оставь меня в руках притеснителей моих. Поручись за раба Твоего – ко благу его, пусть не притесняют меня злодеи. Глаза мои истомились, ожидая помощи Твоей и слова справедливости Твоей. Поступай с рабом Твоим по милосердию Твоему и законам Твоим научи меня. Раб Твой я, вразуми меня, и узнаю заповеди Твои. Время действовать ради Господа: они нарушили Тору Твою! Посему люблю заповеди Твои больше золота и чистого золота. Посему все повеления Твои – все справедливыми признаю, всякий путь ложный ненавижу я. Дивны заповеди Твои, поэтому хранит их душа моя. Откровение слов Твоих просветляет, вразумляет простаков. Уста свои разверзаю и глотаю слова Торы, потому что заповедей Твоих жажду я. Обратись ко мне и помилуй меня – по праву любящих имя Твое. Шаги мои утверди словом Твоим и не дай нечестию властвовать надо мной. Избавь меня от притеснения человеческого, и хранить буду повеления Твои. Лицом Твоим освети раба Твоего и научи меня законам Твоим. Потоки вод исторгают глаза мои, за то, что не хранили они Тору Твою. Праведен Ты, Господи, и справедливы законы Твои. Установления Твои, которые заповедал Ты, справедливы и верны совершенно. Изнурило меня рвение мое, потому что забыли слова Твои притеснители мои. Очень чисто слово Твое, и раб Твой любит его. Мал я и презрен, но повелений Твоих не забыл. Справедливость Твоя – справедливость вечная, и Тора Твоя – истина. Беда и нужда настигли меня, но заповеди Твои – отрада моя. Справедливость установлений Твоих вечна – вразуми меня, и я буду жив! Воззвал я всем сердцем – ответь мне, Господи, хранить буду законы Твои. Призвал я Тебя – помоги мне, и хранить буду заповеди Твои. Рано, во тьме, встал я и возопил, на слово Твое уповал я. Опередили глаза мои утреннюю стражу, чтобы размышлять мне о слове Твоем. Голос мой услышь по милости Твоей, Господи, по суду Твоему оживи меня. Приближаются стремящиеся к лукавству; от Торы Твоей удалились они. Близок Ты, Господи, и все заповеди Твои – истина. Издавна знал я из заповедей Твоих, что навеки Ты основал их. Взгляни на страдание мое и избавь меня, ибо

Царь Давид

Тору Твою не забыл я. Заступись за меня в распре моей и искупи меня, по слову Твоему оживи меня. Далеко от нечестивых спасение, ибо законов Твоих не искали они. Велико милосердие Твое, Господи, по обычаю Твоему оживи меня. Многочисленны гонители мои и притеснители мои, но от заповедей Твоих не уклонился я. Видел я вероломных и ссорился с ними, потому что не хранили они слова Твоего. Посмотри, как люблю я повеления Твои, Господи, по милости Твоей оживи меня. Основа слова Твоего – истина, и навеки всякий праведный суд Твой. Вельможи преследуют меня напрасно, но слова Твоего испугалось сердце мое. Радуюсь я словам Твоим, как нашедший великую добычу. Ложь ненавижу я и гнушаюсь ею; Тору Твою люблю я. Семь раз в день я восхваляю Тебя за законы справедливые Твои. Велико благополучие любящих Тору Твою, и нет у них препятствий. Уповал я на помощь Твою, Господи, и заповеди Твои исполнял. Хранила душа моя заповеди Твои, и полюбил я их весьма. Хранил я повеления Твои и заповеди Твои, ибо все пути мои пред Тобой. Пусть дойдет до Тебя, Господи, молитва моя, по слову Твоему вразуми меня. Да придет к Тебе моление мое, по слову Твоему спаси меня. Изрекут уста мои хвалу, когда Ты научишь меня законам Твоим. Изрекать будет язык мой слово Твое, потому что справедливы все заповеди Твои. Да будет рука Твоя в помощь мне, потому что повеления Твои избрал я. Жажду помощи Твоей, Господи, и Тора Твоя – отрада моя. Да живет душа моя и славит Тебя, и помогут мне суды Твои. Заблудился я, как овца потерянная, ищи раба Твоего, потому что заповеди Твои не забыл я.

Псалом 120

Песнь ступеней. К Господу в несчастьи воззвал я, и Он ответил мне. Господи, спаси душу мою от уст лживых, от языка коварного. Что даст тебе и что прибавит тебе язык коварный? Остры стрелы сильного с горящими углями дроковыми. Горе мне, что жил я с Мэшэхом, обитал у шатров Кэйдара. Долго обитала душа моя у врага мира. Смирен я, но как заговорю – они к войне.

Псалом 121

Песнь ступеней. Поднимаю глаза мои к горам – откуда придет помощь мне? Помощь мне от Господа, сотворившего небо и землю. Он не даст пошатнуться ноге твоей, не будет дремать страж твой. Вот, не дремлет и не спит страж

Исраэля. Господь – страж твой, Господь – сень для тебя по правую руку твою. Днем солнце не повредит тебе и луна – ночью. Господь охранит тебя от всякого зла, сохранит душу твою. Господь охранять будет исход твой и приход твой отныне и вовеки.

Псалом 122

Песнь ступеней Давида. Радовался я, когда сказали мне: в дом Господень пойдем. Стоят ноги наши в воротах твоих, Ирушалаим. Ирушалаим отстроенный подобен городу, слитому воедино. Куда восходили колена Исраэля, колена Господни, по уставу Исраэля, чтобы благодарить имя Господне. Потому что там стояли престолы суда, престолы дома Давидова. Просите мира Ирушалаиму, спокойны будут любящие тебя. Да будет мир в крепости твоей, покой во дворцах твоих. Ради братьев моих и ближних моих скажу: мир тебе! Ради дома Господа Бога нашего просить буду блага тебе.

Псалом 123

Песнь ступеней. К Тебе поднимаю я глаза мои, Восседающий в небесах. Вот, как глаза рабов обращены к руке господ их, как глаза рабыни –

к руке госпожи ее, так глаза наши – к Господу Богу нашему, доколе Он не помилует нас. Помилуй нас, Господи, помилуй нас, потому что достаточно насытились мы презрением. Пресыщена душа наша насмешками беспечных, презрением гордецов.

Псалом 124

Песнь ступеней Давида. Если бы не Господь, который был с нами, – пусть скажет Исраэль. Если ли бы не Господь, который был с нами, когда встали на нас люди. То живыми поглотили бы они нас, когда разгорелся гнев их на нас, то затопили бы нас воды, поток прошел бы над душой нашей, то прошли бы над душой нашей воды бурлящие. Благословен Господь, который не отдал нас в добычу зубам их. Душа наша, как птица, спасшаяся от силка птицеловов, – разломан силок, и избавлены мы. Помощь наша в имени Господа, сотворившего небо и землю.

Псалом 125

Песнь ступеней. Полагающиеся на Господа подобны горе Цион, не поколеблется она, вечно пребывать будет. Ирушалаим! Горы вокруг него, и Господь вокруг народа своего отныне и вовеки. Ибо не пребудет бич нечестия над судьбой праведных, чтобы не простерли праведники к беззаконию руки свои. Благотвори, Господи, к добрым и правым в сердцах своих. А уклоняющихся на кривые пути свои – поведет их Господь вместе с творящими беззаконие. Мир над Исраэлем!

Псалом 126

Песнь ступеней. Когда возвратил Господь пленников Циона, были мы как во сне. Тогда наполнятся уста наши смехом и язык наш – пением. Тогда скажут между народами: "Великое сотворил Господь с этими!" Великое сотворил с нами Господь – рады были мы. Возврати, Господи, пленников наших, как потоки в Нэгэве. Сеявшие в слезах – жать будут с пением. Идет и плачет несущий суму с семенами, придет с песней несущий снопы свои.

Псалом 127

Песнь ступеней Шломо. Если Господь не созидает дома, напрасно трудятся строящие его; если Господь не стережет города, напрасно усердствует страж. Напрасно вы рано встаете, поздно сидите, едите хлеб печали; такое дает Он во сне возлюбленному Своему. Вот наследие Господне – дети, вознаграждение – плод чрева.

Что стрелы в руке сильного, то сыновья юности. Счастлив муж, который наполнил ими колчан свой. Не будут пристыжены, когда с врагами говорить будут во вратах.

Псалом 128

Песнь ступеней. Счастлив всякий боящийся Господа, следующий путям Его. Когда ешь ты от плодов труда рук твоих, счастлив ты и благо тебе. Жена твоя, как лоза виноградная плодоносная, во внутренних покоях дома твоего; сыновья твои, как молодые деревца масличные, вокруг стола твоего. Вот так благословится муж, боящийся Господа. Благословит тебя Господь с Циона и увидишь благополучие Ирушалаима во все дни жизни твоей. 6 И увидишь сыновей у сыновей твоих. Мир над Исраэлем!

Псалом 129

Песнь ступеней. Много страданий причиняли мне от юности моей, – скажет Исраэль. Много страданий причиняли мне от юности моей, но не превозмогли меня. На спине моей пахали пахари, длинную борозду провели на ней. Господь праведен, рассек Он верви нечестивых. Пусть пристыжены будут и отступят назад все ненавидящие Цион. Да будут они, как трава на крышах, которая засыхает раньше, чем вырвана она. Которой не наполняет жнец руки своей и полы своей – вяжущий снопы. И не говорят проходящие: "Благословение Господне на вас! Благословляем вас именем Господним".

Псалом 130

Песнь ступеней. Из глубин я воззвал к Тебе, Господи. Господи, услышь голос мой, да будут уши Твои внимательны к голосу молений моих. Если грехи хранить будешь. Господи, Господи, кто устоит? Ибо у Тебя прощение, дабы благоговели пред Тобой. Надеялся я, Господи, надеялась душа моя, и на слово Его уповал я. Душа моя ждет Господа больше, чем стражи – утра, стражи – утра. Уповай, Исраэль, на Господа, ибо у Господа милосердие и великое избавление у Него. И Он избавит Исраэль от всех грехов его.

Псалом 131

Песнь ступеней Давида. Господи, не было надменно сердце мое, и не возносились глаза мои, и не следовал я за великим и недостижимым для меня. Но уподобил душу мою ребенку, отнятому от груди матери его, и усмирил ее; как дитя, отнятое от груди, душа моя. Уповай, Исраэль, на Господа, отныне и вовек.

Псалом 132

Песнь ступеней. Вспомни, Господи, во благо Давиду все страдания его, как клялся он Господу, давал обет Сильному Яакова: "Не войду я в шатер дома моего, не поднимусь на постель ложа моего. Не дам сна глазам своим и векам своим – дремоты. Доколе не найду места Господу, обители Сильному Яакова". Вот мы слышали о нем о ковчеге в Эфрате, нашли его в полях лесных. Войдем в обитель Его, поклонимся подножию ног Его. Подымись, Господи, в место покоя Твоего, – Ты и ковчег могущества Твоего. Священники Твои облекутся справедливостью, и благочестивые Твои торжествовать будут. Ради Давида, раба Твоего, не отвергай лица помазанника Твоего. Клялся Господь Давиду, истина – Он не отступит от нее: "От плода чрева твоего из сыновей твоих посажу на престоле твоем. Если соблюдать будут сыновья твои завет Мой и Тору Мою, которой Я научу их, то и сыновья их во веки веков сидеть будут на престоле твоем". Ибо избрал Господь Цион, возжелал его в обитель

Царь Давид

Себе. "Вот место покоя Моего вовеки, здесь обитать буду, потому что Я возжелал его. Пищу его благословением благословлю, бедных его насыщу хлебом. И священников его облеку спасением, и благочестивые его радостью возрадуются. Там взращу Я рог Давиду дам силу ему, приготовил Я светильник помазаннику Моему. Врагов его стыдом покрою, а на нем сверкать будет венец его".

Псалом 133

Песнь ступеней Давида. Смотри, как хорошо и как приятно сидеть братьям вместе! Подобно это доброму елею на голове, стекающему на бороду, бороду Аарона, стекающему на край одежды его. Подобно росе хермонской, стекающей на горы Циона, ибо там заповедал Господь благословение, жизнь навеки.

Псалом 134

Песнь ступеней. Так благословите же Господа, все рабы Господни, стоящие в доме Господнем по ночам. Возденьте руки ваши в святости и благословите Господа. Да благословит тебя с Циона Господь, сотворивший небо и землю.

Книга Псалмов

Псалом 135

Алелуя. Хвалите имя Господне, хвалите, рабы Господни, стоящие в доме Господнем, во дворах дома Бога нашего. Хвалите Господа, ибо благ Господь, пойте имени Его, потому что сладостно это. Потому что Яакова избрал себе Господь, Исраэля – дорогим достоянием Своим. Ибо знаю я, что велик Господь и Господь наш выше всех Богов. Все, что угодно Господу, делает Он в небесах и на земле, в морях и во всех безднах. Поднимает облака от края земли, молнии для дождя творит, ветер выводит из сокровищниц Своих. Он, который поразил первенцев египетских – от человека до скота. Послал Он знамения и чудеса среди тебя, Египет, над Фараоном и всеми рабами его. Он, который поразил народы многие и убивал царей сильных. Сихона, царя аморейского, и Ога, царя Башана, и все царства Кнаана. И отдал Он земли их в наследие, наследие Исраэлю, народу Своему. Господь – имя Твое вечно, Господь – память о Тебе, из рода в род. Ибо заступится Господь за народ Свой и пожалеет о приговоре рабам Своим. Идолы народов – серебро и золото, дело рук человеческих. Рот у них – а не говорят они, глаза у них – а не видят, Уши у них – а не слышат, и нет дыхания во ртах их.

Царь Давид

Подобны им да будут делающие их, каждый, кто полагается на них. Дом Исраэля, благословите Господа, дом Аарона, благословите Господа! Дом Леви, благословите Господа, боящиеся Господа, благословите Господа! Благословен из Циона Господь, обитающий в Ирушалаиме. Алелуя.

Псалом 136

Благословите Господа, ибо добр Он, ибо навеки милость Его. Благодарите Бога Богов, ибо навеки милость Его. Благодарите Господа господствующих, ибо навеки милость Его. Того, кто Один творит чудеса великие, ибо навеки милость Его. Сотворившего небеса мудростью, ибо навеки милость его. Распростершего землю на водах, ибо навеки милость Его. Сотворившего светила великие, ибо навеки милость Его. Солнце, чтобы властвовать днем, ибо навеки милость Его. Луну и звезды, чтобы властвовать ночью, ибо навеки милость Его. Поразившего Египет в первенцах его, ибо навеки милость Его. И вывел Он Исраэль из среды их, ибо навеки милость Его. Рукою крепкой и мышцею простертой, ибо навеки милость Его. Рассекшего Ям Суф на части, ибо навеки милость Его. И проведшего Исраэль посреди него, ибо навеки милость Его. И стряхнувшего Фараона и войско его в Ям Суф, ибо навеки милость Его. Проведшего народ Свой через пустыню, ибо навеки милость Его. Поразившего царей великих, ибо навеки милость Его. И убившего царей сильных, ибо навеки милость Его. Сихона, царя аморейского, ибо навеки милость Его. И Ога, царя Башана, ибо навеки милость Его. И отдавшего земли их в наследие, ибо навеки милость Его. В наследие Исраэлю, рабу Его, ибо навеки милость Его. Того, который в унижении нашем вспомнил нас, ибо навеки милость Его. И избавившего нас от притеснителей наших, ибо навеки милость Его. Дающего хлеб всякой плоти, ибо навеки милость Его. Благодарите Бога небес, ибо навеки милость Его.

Псалом 137

При реках Вавилонских там сидели мы и плакали, когда вспоминали Цион. На ивах, средь него, повесили мы кинорот наши. Потому что там пленившие нас требовали от нас песнопений и насмехавшиеся над нами – веселья: "Спойте нам из песен Циона". Как петь нам песнь Господню на земле чужой? Если я забуду тебя, Ирушалаим, пусть забудет меня десница моя. Да прилипнет язык мой к нёбу, если не буду помнить тебя, если не вознесу Ирушалаим на вершину веселья моего. Припомни, Господи, день Ирушалаима сынам Эдома, говорившим: "Разрушайте, разрушайте до основания его". Дочь Вавилонская, обреченная на разрушение! Счастлив тот, кто воздаст тебе по заслугам за то, что ты сделала нам. Счастлив тот, кто возьмет и разобьет младенцев твоих о скалу.

Псалом 138

Псалом Давида. Благодарить буду Тебя всем сердцем, пред сильными воспою Тебе. Поклонюсь храму святому Твоему и восславлю имя Твое за милость Твою и за истину Твою, потому что возвеличил Ты слово Твое больше имени Твоего. В день, когда воззвал я, Ты ответил мне, силой укрепил душу мою. Прославят Тебя, Господи, все цари земные, когда услышат слова уст Твоих. И воспоют о путях Господних, ибо велика слава Господа. Ибо возвышен Господь, но униженного видит, и хотя высок – издалека знает. Если окажусь в беде, оживишь меня, против гнева врагов моих прострешь руку Твою, – и помогала мне десница Твоя! Господь завершит за меня. Господь, милость Твоя навек, творения рук Твоих не покидай.

Псалом 139

Руководителю псалом Давида. Господи, Ты изучил меня и узнал. Ты знаешь, когда сяду я и встану, понимаешь мысли мои издалека. Путь мой и ночлег мой окружаешь Ты, и ко всем стезям моим привык Ты знаешь их. Ибо нет еще слова на языке моем, как знаешь Ты его, Господи. Сзади и спереди Ты объемлешь меня и возложил на меня руку Твою. Удивительно знание для меня, высоко – не могу постичь его. Куда уйду от духа Твоего и куда от Тебя убегу? Поднимусь ли в небеса – там Ты, постелю ли себе в преисподней – вот Ты! Возьму ли крылья утренней зари, поселюсь ли на краю моря. Но и там рука Твоя поведет меня и держать меня будет десница Твоя. Скажу я: только тьма скроет меня, и ночь – вместо света для меня! Но и тьма не скроет меня от Тебя, и ночь, как день, светит; тьма – как свет. Ибо Ты создал почки мои, соткал меня в чреве матери моей. Славлю Тебя, потому что удивительно устроен я, чудесны деяния Твои, душа моя знает это вполне. Не была сокрыта от Тебя сущность моя, когда я созидаем был втайне, образуем в глубине земли. Неоформленным видели меня очи Твои, и в книге Твоей записаны все дни, когда все сотворены будут, – и мне означен один из них. Но как трудны для меня помыслы Твои, Боже, как велико число их! Стану ли считать их – многочисленней песка они. Пробуждаюсь – и все еще с Тобой я. Если бы умертвил Ты, Боже, нечестивого! А вы, люди кровожадные, удалитесь от меня. Те, что призывают Тебя с коварством; произносят всуе имя Твое враги Твои. Ведь ненавидящих Тебя, Господи, ненавижу я и с восстающими на Тебя ссорюсь! Полной ненавистью ненавижу их, врагами стали они мне. Исследуй меня Боже, и узнай сердце мое, испытай меня и узнай мысли мои. И посмотри, не на печальном ли я пути, и веди меня по пути вечному.

Псалом 140

Руководителю псалом Давида. Спаси меня, Господи, от человека злого, от грабителя сохрани меня, от тех, что замышляют злое в сердце, всякий день затевают войну. Изощряют язык свой, как змея, яд змеи в устах их. Сэла! Сохрани меня, Господи, от рук нечестивого, от грабителя убереги меня, от тех, что замышляют пошатнуть стопы мои. Спрятали надменные силок и веревки для меня, разостлали сеть по дороге, капканы поставили для меня. Сэла! Говорю я Господу: Бог мой Ты, внемли, Господи, голосу мольбы моей. Господи Боже, сила спасения моего, прикрыл Ты голову мою в день войны. Не дай, Господи, сбыться желаниям нечестивого, не дай осуществиться злым замыслам его, дабы не заносились они. Сэла! Того, кто стоит во главе окруживших меня, – да покроет его зло уст их. Да падут на них угли горящие, в огонь низвергнет Он их, в ямы глубокие, – чтобы не встали. Человек злословящий да не утвердится на земле; пусть уловит зло грабителя, чтобы столкнуть. Знаю, что сотворит Господь суд бедному, правосудие – нищим. Но праведники благодарить будут имя Твое, справедливые обитать будут пред Тобой.

Псалом 141

Псалом Давида. Господи, поспеши ко мне, внемли голосу моему, когда я взываю к Тебе. Да уподобится молитва моя воскурению пред Тобой, воздевание рук моих – дару вечернему. Поставь, Господи, стражу рту моему, стереги двери уст моих. Не дай склониться сердцу моему к делу злому, к свершению дел беззаконных с людьми, творящими несправедливость, да не вкушу от сладостей их. Накажет меня праведник – милость! А упрекнет меня – елей для головы моей, который не повредит голове моей, ибо, пока жив я, молюсь против зла нечестивых. Да сброшены будут со скалы судьи их, тогда услышат нечестивые слова мои, ибо приятны они. Как земля, которую рассекают и дробят, так раскиданы кости наши пред пастью преисподней. Ибо к Тебе, Господи Боже, глаза мои, на Тебя полагаюсь, не проливай души моей. Сохрани меня от сети, которую расставили мне, и от силков тех, кто творит беззаконие. Да падут все нечестивые в сети свои, пока пройду я.

Псалом 142

Маскиль Давида, молитва во время пребывания его в пещере. Голосом взываю к Господу, голосом Господа умоляю. Изливаю пред Ним жалобу свою, беду свою пред Ним раскрываю, когда изнемогает во мне дух мой. Но Ты знаешь путь мой, на стезе, по которой хожу я, расставили сеть мне. Посмотри направо и увидишь, что нет знакомого со мной, исчезло убежище для меня, никто не заботится о душе моей. Воплю к Тебе, Господи, говорю: Ты укрытие мое, доля моя на земле живых. Внемли мольбе моей, ибо очень ослабел я, спаси меня от преследователей моих, потому что они сильнее меня. Выведи из стеснения душу мою, чтобы славить имя Твое. Мною гордиться будут праведники, когда Ты воздашь мне благом.

Псалом 143

Псалом Давида. Господи, услышь молитву мою, внемли мольбе моей, верностью Твоей ответь мне, справедливостью Твоей. И не входи в суд с рабом Твоим, ибо не оправдается пред Тобой ни один живущий. Ибо преследовал враг душу мою, втоптал в землю жизнь мою, засадил меня во тьму, подобно давно умершим. И изнемог во мне дух мой, ужаснулось сердце мое. Вспомнил я дни прежние, размышлял о всех деяниях Твоих, о делах рук Твоих рассуждаю. Простер я к Тебе руки мои, душа моя – к Тебе, как земля иссохшая. Сэла! Поспеши, ответь мне, Господи, изнемогает дух мой, не скрывай лица Твоего от меня, а то уподоблюсь сошедшим в могилу. Дай мне услышать утром милость Твою, ибо на Тебя полагался я, объяви мне путь тот, по которому идти мне, ибо к Тебе вознес я душу мою. Спаси меня от врагов моих, Господи, у Тебя убежище мое. Научи меня исполнять волю Твою, ибо Ты Бог мой, добрый дух Твой да выведет меня на равнину. Ради имени Твоего, Господи, оживи меня, справедливостью Твоей выведи из беды душу мою. И милостью Твоей истреби врагов моих и погуби всех притеснителей души моей, потому что я раб Твой.

Псалом 144

Псалом Давида. Благословен Господь, скала моя, обучающий битве руки мои, пальцы мои – войне. Милость моя и крепость моя, опора моя и избавитель мой, щит мой, и на Него полагаюсь я, Он тот, кто подчиняет мне народ мой. Господи, что есть человек, что Ты знаешь его обращаешь внимание на него, сын человеческий – что Ты размышляешь о нем? Человек дуновению подобен, дни его – как тень проходящая. Господи, приклони небеса Твои и сойди, коснись гор – и задымятся. Пошли молнию и рассей их, пусти стрелы Твои и смети их. Простри руки Твои с высоты, выведи меня и спаси меня от вод многих, от руки чужеземцев, чьи уста изрекают ложь и чья десница – десница лжи. Боже, песнь новую воспою Тебе, на арфе десятиструнной играть буду Тебе. Дающий спасение царям, избавляющий Давида, раба Своего, от меча лютого. Избавь меня и спаси меня от руки чужеземцев, чьи уста изрекают ложь, а десница их – десница лжи. Дабы были сыновья наши, как молодые растения, выросшие в юности их, а дочери наши, как столпы краеугольные, изваянные по образцу дворцовых. Житницы наши полны, доставляют зерно всякого рода, овцы наши – тысячами, десятками тысяч на улицах наших. Быки наши тучны; нет пролома, и нет пропажи, и нет вопля на площадях наших. Счастлив народ, чья судьба такова, счастлив народ, у которого Господь – Бог его.

Псалом 145

Хвалебная песнь Давида. Превозносить буду Тебя, Бог мой, Царь, и благословлять имя Твое во веки веков. Каждый день благословлять буду Тебя и восхвалять имя Твое во веки веков. Велик Господь и прославлен весьма, и величие Его непостижимо. Из поколения в поколение славить будут деяния Твои и мощь Твою возвещать. О великолепии, славе величия Твоего и чудесных деяниях Твоих расскажу. И о силе страшных дел Твоих говорить будут, а о величии Твоем я расскажу. Память о великой доброте Твоей возгласят и справедливость Твою воспоют. Жалостлив и милосерден Господь, долготерпелив и многомилостив. Добр Господь

Царь Давид

ко всякому и милосердие Его – на всех созданиях Его. Восхвалять будут Тебя, Господи, все создания Твои, благочестивые Твои благословят Тебя. О славе царства Твоего расскажут и о мощи Твоей говорить будут, возвещая сынам человеческим мощь Его и славу великолепия царства Его. Царство Твое – царство навеки, и власть Твоя – во всех поколениях. Поддерживает Господь всех падающих и выпрямляет всех согбенных. Глаза всех ждут Тебя, и Ты даешь им пищу их во время свое. Открываешь руку Твою и насыщаешь всякого живущего благоволением. Праведен Господь во всех путях Своих и благочестив во всех делах Своих. Близок Господь ко всем призывающим Его, ко всем, которые призывают Его в истине. Желание боящихся Его исполняет Он, и вопль их слышит, и помогает им. Хранит Господь всех любящих Его, а всех нечестивых истребит. Хвалу Господу изрекут уста мои, и благословлять будет всякая плоть имя святое Его вовеки.

Псалом 146

Алелуя. Хвали, душа моя, Господа! Хвалить буду Господа всю жизнь мою, воспою Богу моему, доколе существую. Не полагайтесь на вельмож, на сына человеческого, который не может помочь. Выходит дух его и возвращается он в землю свою; в день тот исчезают мысли его. Счастлив тот, кому в помощь Бог Яакова, чья надежда – на Господа Бога его, создавшего небо и землю, море и все, что в них, хранящего верность вечно, творящего суд угнетенным, дающего хлеб голодным. Господь освобождает узников, Господь делает зрячими слепых, Господь выпрямляет согбенных, Господь любит праведников, Господь хранит чужеземцев, сироту и вдову ободряет, а путь нечестивых искривляет, не дает им достичь цели. Господь царствовать будет вовеки, Бог твой, Цион, – из рода в род. Алелуя.

Псалом 147

Алелуя, хвалите Господа, ибо хорошо петь Богу нашему, ибо приятно это, пристала слава Ему. Отстраивает Господь Ирушалаим, изгнанников Исраэля соберет. Исцеляет сокрушенных сердцем и перевязывает раны их. Исчисляет количество звезд, всех их именами называет. Велик Господь наш и могуч силой, беспределен разум Его. Ободряет смиренных Господь, унижает нечестивых до земли. Пойте Господу с благодарностью, играйте на киноре Богу нашему, покрывающему небеса облаками, готовящему дождь для земли, взращивающему на горах траву. Дает Он скоту пищу его, воронятам, которые кричат. Не силы коня хочет Он, не к голеням человека благоволит. Благоволит Господь к боящимся Его, к надеющимся на милость Его. Славь, Ирушалаим, Господа, хвали Бога твоего, Цион. Ибо укрепил Он затворы ворот твоих, благословил сыновей твоих среди тебя. Он тот, кто положил мир в границах твоих, туком пшеницы насыщает тебя. Тот, кто посылает слово Свое на землю, – быстро бежит слово Его. Тот, кто дает снег, подобный шерсти, иней, как пепел, рассеивает. Бросает град Свой, как крошки, – перед холодом Его кто устоит? Посылает Он слово Свое и заставляет их таять, дует ветром своим – текут воды. Изрекает Он слово Свое Яакову, уставы Свои и законы Свои – Исраэлю. Не сделал Он такого никакому народу, и законов Его не знают они. Алелуя.

Псалом 148

Алелуя. Хвалите Господа с небес, хвалите Его в высотах. Хвалите Его, все ангелы Его, хвалите Его, все воинства Его. Хвалите Его, солнце и луна, хвалите Его, все звезды светлые. Хвалите Его, небеса небес и воды, которые над небесами.

Пусть хвалят имя Господне, ибо Он повелел и они сотворены были. И поставил Он их навсегда, навечно, дал закон, и нельзя преступить его. Хвалите Господа с земли, рыбы великие и все бездны, огонь и град, снег и пар, ветер бурный, исполняющий слово Его, горы и холмы, деревья плодоносные и кедры, звери и всякий скот, пресмыкающиеся и птицы крылатые, цари земли и все народы, князья и все судьи земные, юноши, девушки, старцы с отроками, – пусть славят они имя Господне, ибо возвышено имя Его Одного, слава Его – над землей и небом. И возвысил Он рог народа Своего, славу всех благочестивых Его, сыновей Исраэля, народа близкого к Нему. Алелуя!

Псалом 149

Алелуя. Пойте Господу песнь новую, хвала Ему – в собрании благочестивых. Да радуется Исраэль Создателю своему, сыновья Циона возликуют о Царе своем. Славят имя Его в танце, на тимпане и киноре играют Ему. Ибо благоволит Господь к народу Своему, украшает смиренных помощью. Да радуются благочестивые в славе, поют на ложах своих. Возвышенные славословия на устах их, меч обоюдоострый в руке их, чтобы свершить мщение над народами, наказание – над племенами, чтобы заковать царей в узы и вельмож их – в оковы железные, свершить над ними приговор записанный. Слава Он для всех благочестивых Его. Алелуя!

Псалом 150

Алелуя. Хвалите Бога в святилище Его, хвалите Его в небесах мощных. Хвалите Его за могущественные деяния, хвалите Его за величие Его. Хвалите Его звуком шофара, хвалите Его арфой и кинором. Хвалите Его тимпаном и танцем, хвалите Его струнными инструментами и свирелью. Хвалите Его цимбалами звенящими, хвалите Его цимбалами громогласными. Всякая душа да хвалит Господа. Алелуя!

Книга Псалмов

КОНТАКТНАЯ ИНФОРМАЦИЯ

Запросы и общая информация:

USA
2009 85th St., Suite 51
Brooklyn NY, USA -11214

Canada
1057 Steeles Avenue West
Suite 532
Toronto, ON – M2R 3X1 Canada

רחוב מגשימים 17
פתח תקוה
ישראל

www.ingramcontent.com/pod-product-compliance
Lightning Source LLC
Chambersburg PA
CBHW030907080526
44589CB00010B/190